陈浩宇 —— 著

逻辑思维与口才

中国友谊出版公司

图书在版编目（CIP）数据

逻辑思维与口才 / 陈浩宇著 . -- 北京：中国友谊出版公司，2021.2
　ISBN 978-7-5057-5105-7

Ⅰ.①逻… Ⅱ.①陈… Ⅲ.①逻辑思维－关系－口才学－研究 Ⅳ.① B804.1 ② H019

中国版本图书馆 CIP 数据核字（2021）第 001107 号

书名	逻辑思维与口才
作者	陈浩宇
出版	中国友谊出版公司
发行	中国友谊出版公司
经销	新华书店
印刷	天津旭丰源印刷有限公司
规格	880×1230 毫米　32 开 7 印张　132 千字
版次	2021 年 2 月第 1 版
印次	2021 年 2 月第 1 次印刷
书号	ISBN 978-7-5057-5105-7
定价	42.00 元
地址	北京市朝阳区西坝河南里 17 号楼
邮编	100028
电话	（010）64678009

前　言

现代社会是高度信息化、知识化的社会，信息传递的一种重要形式就是口语表达，可以说，没有口才的人将不能适应飞速发展的时代。有句名言说得好："是人才未必有口才，而有口才者肯定是人才！"然而一个人的口才并不是天生的，好口才是不断训练及培养的结果，也是岁月累积的成就。而要想有好的口才，必须要有好的思维做基础。人们常说思维是口才的基础，口才是思维的表达。没有好思维的人，是无从谈起好口才的。

古代有这样的说法："一言可以兴邦，一言也可误国。"这充分说明了口才的重要性。而今，说话、演讲的能力已经成为现代人必须具备的重要能力，如果你要立志成才，那就应该从小努力培养自己这方面的素质。教育专家常说这样的话："语言是思维的外壳。"能说会道的人一般都头脑聪慧、思维敏捷。口才与思维的训练是相互促进的，要使自己更聪明，应多多训练自己的口头表达能力；而要想有好的口才，也应该加强训练自己的思维能力。改善口才先要改变思维模式，口才训练应注意思维能力方面的训练。

高明的思维，可以使你的口才出众，令人赞叹。逻辑思维是

"口才大厦"的基石，条理清晰、重点突出的讲话，能让对方迅速理解、信服你的观点；较强的应变思维可以使你妙语连珠、魅力十足，将往来应酬处理得如行云流水、滴水不漏；拥有形象思维，语言就会极大地富有幽默力；丰富的创新思维，能造就美妙、新颖的创意口才；开阔的发散思维，能增加口才的即兴性、变通性和生动性，使讲话者成功地驾驭当下的语言环境；而聚敛思维则会帮助说话者字斟句酌、锤炼语言，形成果断的语言风格；等等。口才表述水准的高低与一个人思维能力的强弱密切相关，口才表述水准的提高，其实取决于表述者思维能力的提高。由此看来，我们对口才的提高，很大程度上应是对思维的提高，有好的思维才能有好口才，也就是说，好思维决定好口才！

导言　思维与口才的关系

口才是思维的外壳，思维是口才的基础

人类思维的发展和语言能力的发展是同步的，这就决定了口才与思维是密不可分的。自从人类用语言反映事物开始，语言与思维的关系就成了中心问题。古希腊哲学家亚里士多德曾经说过："语言是思维范畴诸多经验的表现。"17世纪的唯理主义语言学家也认为，说话即是表达思想，不同的词类体现了不同的思想。他们明确指出：人作为有理性、有思想的动物，创造出语言的目的就是为了表达思想。

从心理学原理看，思维与口才是紧密地联系着的，语言表达的是思维活动的结果。如果思维不敏捷、不清晰、不严密，语言的表达也就不可能流畅清楚。很难想象，一个思维迟钝而又混乱的人，如何能口若悬河、滔滔不绝而又条理清晰地表达自己的思想。

相对于书面表述来说，口语表达对思维的要求更高，特别是即兴口才，对思维的要求就更高。书面表述可以思前想后，想好了再写，写了后面的还可以再修改前面的；而口语表达则是边想边说，说前面时就得想着后面的，这就要求表述者有极敏捷、极清晰的思维。

口才与思维的四个维度

（一）思维越开阔，表达方式越丰富

思维的广泛性，就是指在表达一个事物、一个观念时，能够在多大范围内联想起别的事物、观念和问题，以及联想数量的多少。也就是说考虑问题时要思路开阔、联系广泛，能把事物放在广阔的时间、空间和复杂的环境中去考察认识，从而能全面而深刻地反映事物的现象和本质、内因与外因、过去与未来等多种联系。

在日常生活中我们能够发现，某些人在谈话中思维跨度很大，能够海阔天空地联想；而有些人则语言枯燥乏味，只能在一个问题上绕来绕去，思路总是打不开。从口才方面来说，确定了一个表达的对象，当然就要围绕着它来思考。但是，这个对象和哪些因素有联系呢？它总不会孤零零地存在。这就要求人们在思考过程中，破除各种思维定式，增加各种可采用的角度，扩大范围，把它放在更广阔的背景里予以考察，从而发现更多可以表达的东西。扩展思维广度，就意味着增加思维角度。增加思考的对象，等于得出一个问题的多种答案。从实际的口才技巧上来说，数量上的多并不意味着质量上的好；但角度上的广，却意味着可供挑选的余地大，论证的层次丰富。由此看来，思维广泛性是优秀口才的第一标准。

(二)思维越深刻,表达越有深度

思维的深刻性是口才素质的一个重要方面。我们常常发现,有些人谈话很深刻,能够追本溯源,达到一个问题的最深层次;有些人的谈话则只能浮在表面,极为牵强。之所以会出现这样的差异,和思维的深刻性有着密切的关系。思维的深刻性主要表现在对事物的分析、综合、比较、抽象、概括等方面。思维深刻的人,能做到去粗取精、去伪存真、由表及里、由此及彼,还能透过现象抓住本质,从事物的现状把握它的发展过程,从具体领域进入到抽象领域,从原因探索结果,或者反过来从结果追溯原因,最终做出科学的结论。一个口才高手要能达到"深入浅出"的境界。

(三)思维越精确,表达越严谨

思维的精确性是由思维的确定性和思维的严密性两部分构成的。思维的确定性是指思想明确,它表现在口才上是:1.概念、判断的确定性。要在用词上准确、得当,不能词义含糊或前后矛盾。2.论题的确定性。要突出中心论题,不可东拉西扯、信口开河。3.观点的确定性。如果对论题缺乏明确地认识,表现在口才上势必会含糊其词、模棱两可。只有思维在诸层次上都确定无误,才能保证口头语言的准确性和鲜明性。

思维的严密性就是思考问题全面、周到、细致,能科学地反映事物的多面性、发展性和复杂的联系性。它直接影响着口才的严密性、论证性和逻辑性。口头语言中出现的语无伦次、条理不清、层次混乱、观点材料不统一、论据不足、牵强附会，甚至破绽百出等问题，多是因为思维缺乏严密性，考虑问题不周密所致。

（四）思维越敏捷，表达越流畅

思维的敏捷性是好口才的重要保障。思维的敏捷性表现在口才上就是能够对事物迅速地进行分析、综合、比较、分类、抽象、概括和具体化。这些思维过程和结果是直接通过语言系统来实现的。语言流畅如行云流水，是因为思维敏捷流畅。那些张口结舌、言语滞涩和满口的冗词赘语，多是由思维的迟钝所造成。

因此，想要提高口才就必须注意培养对事物的反应速度及能够出口成章的本领。要想培养这种能力，第一要增加自己的知识积累；第二要有冷静的头脑，能在任何场合讲话都从容不迫、自如发挥；第三就是要大量实践，不断磨炼、不断提高。

目录
CONTENTS

第一章
逻辑思维与口才艺术

- 第一节 好口才离不开逻辑思维 003
  - 什么是逻辑思维 003
  - 如何在表达中运用逻辑思维 005
  - 逻辑思维能力训练 006
- 第二节 逻辑口才的严谨性技巧 019
  - 同一思维规律：要有明确的中心 019
  - 矛盾思维规律：思想一致，首尾一贯 022
  - 排中思维规律：表述清晰，观点鲜明 024
  - 充足理由规律：言之有理，持之有据 024
- 第三节 运用逻辑思维破斥对方诡辩 026
  - 以子之矛，攻子之盾 027
  - 巧设圈套，诱敌入瓮 029
  - 将错就错，以谬制谬 031
  - 以迂为直，避开两难 033

第二章
应变思维与口才艺术

- 第一节 应变思维决定口才的灵活机智 ……………… 037
  - 应变思维是好口才的必备要素 ……………… 037
  - 应变思维口才能力训练 ……………… 039
- 第二节 应变思维的转换话题技巧 ……………… 042
  - 借题发挥，巧转话题 ……………… 043
  - 以假乱真，虚实参半 ……………… 045
  - 避重就轻，转移注意力 ……………… 046
  - 巧变角度的转换话题 ……………… 048
- 第三节 应变思维的自嘲、解嘲技巧 ……………… 049
  - 易被接受的机智拒绝 ……………… 049
  - 失意时巧妙慰己慰人 ……………… 050
  - 灵活排解难堪事实之道 ……………… 051
  - 融洽气氛的良方 ……………… 052
  - 嘲笑的含蓄回击 ……………… 053
  - 巧妙回敬揭短之道 ……………… 054
- 第四节 应变思维的暗示技巧 ……………… 056
  - 指桑骂槐的讽刺 ……………… 056
  - 旁敲侧击的批评 ……………… 058
  - 转弯抹角的陈述 ……………… 060

第三章
形象思维与口才艺术

第一节　幽默口才是形象思维的具体表现……………………065

　　　　形象思维是口才幽默生动的基础…………………065

　　　　形象思维能力训练……………………………………068

　　　　口才的形象思维训练…………………………………069

第二节　形象思维的口才运用技巧…………………………072

　　　　遵循假设规则…………………………………………072

　　　　打破时空限制…………………………………………073

　　　　从不同角度表述事物…………………………………074

第三节　巧用形象思维提高幽默口才………………………077

　　　　似答非答，巧作模拟…………………………………077

　　　　因势利导，巧妙回击…………………………………078

　　　　装傻充愣，出奇制胜…………………………………079

　　　　绵里藏针，外柔内刚…………………………………080

　　　　言此意彼，声东击西…………………………………082

　　　　庄话谐说，缓解紧张…………………………………084

第四章
创新思维与口才艺术

第一节　创意口才的新颖取决于创新思维…………………089

　　　　创新思维造就美妙的创意口才………………………089

　　　　创新思维能力训练……………………………………093

第二节　创新思维的口才运用技巧 106
　　大胆假设，摆脱时空束缚 107
　　不人云亦云，善说"未必" 108
第三节　提高创意口才的新颖技巧 110
　　推陈出新巧合成 110
　　自圆其说巧"逆解" 111
　　认知和谐巧"借壳" 112
　　借物寓意巧说明 112
　　形象鲜明巧对比 113
　　不落窠臼巧翻新 114

第五章
发散思维与口才艺术

第一节　发散思维是即兴口才的源泉 119
　　良好的即兴口才是发散思维的体现 120
　　发散思维能力训练 122
第二节　发散思维在口才上的运用方式 127
　　往日视角 128
　　未来视角 129
第三节　即兴口才中发散思维的运用技巧 130
　　紧扣题旨，借题发挥 130
　　有意岔题，反守为攻 131
　　巧释逆转，自圆其说 133

　　　　　顺水推舟，反败为胜……………………………………… 134

　　　　　顺势牵连，委婉表达……………………………………… 137

第六章
聚敛思维与口才艺术

　　第一节　聚敛思维是简洁口才的基础……………………………… 141

　　　　　聚敛思维决定口才的简洁凝练……………………………… 141

　　　　　运用聚敛思维锤炼你的语言………………………………… 142

　　　　　如何提高聚敛思维能力……………………………………… 149

　　第二节　聚敛思维的口才运用技巧………………………………… 154

　　　　　语言凝练，言简意赅………………………………………… 154

　　　　　组织恰当，条理清晰………………………………………… 155

　　　　　有助于人际交往的"凝练金句"…………………………… 156

　　　　　简短演讲亦能打动听众……………………………………… 160

第七章
模拟思维与口才艺术

　　第一节　活跃的模拟思维可增强口才的丰富性…………………… 167

　　　　　模拟思维增强语言的鲜活性………………………………… 167

　　　　　模拟思维能力训练…………………………………………… 170

　　第二节　模拟思维在口才上的应用方式…………………………… 178

　　　　　求异视角……………………………………………………… 178

　　　　　求同视角……………………………………………………… 179

第三节　模拟思维口才增强表达的丰富性 …………………………… 181

　　　　借事类喻，巧妙表达 ………………………………………………… 181

　　　　委婉含蓄的语言表达艺术 …………………………………………… 183

　　　　巧用谐音，效果新奇 ………………………………………………… 185

　　　　恰当地运用比较使表达更形象 ……………………………………… 187

第八章
逆向思维与口才艺术

　　第一节　逆向思维是辩解口才的动力 …………………………………… 191

　　　　逆向思维是辩解口才的有效武器 …………………………………… 191

　　　　逆向思维能力训练 …………………………………………………… 196

　　第二节　逆向思维在口才上的运用方式 ………………………………… 200

　　　　肯定视角 ……………………………………………………………… 200

　　　　否定视角 ……………………………………………………………… 201

　　　　非我视角 ……………………………………………………………… 201

　　第三节　恰当运用逆向思维提升辩解口才 ……………………………… 203

　　　　归谬制人，巧妙辩解 ………………………………………………… 204

　　　　一因二果，反守为攻 ………………………………………………… 205

　　　　"反问"让你更主动 ………………………………………………… 206

　　　　逆向顺应胜过强制命令 ……………………………………………… 207

部分参考书目 …………………………………………………………… 209

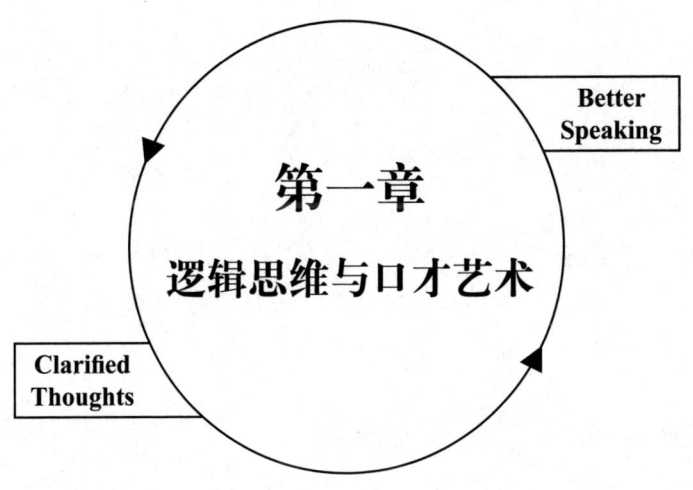

第一章
逻辑思维与口才艺术

第一节　好口才离不开逻辑思维

> 有时，你根本就没有用来驳倒对方的关键事实。你可能缺乏对主题的足够了解，或者对方的观点太笼统，太概括了，你很难用事实予以反驳。在此情况下，你要求助于关键逻辑。
>
> ——理查德·海勒

什么是逻辑思维

（一）逻辑思维概述

逻辑思维又叫作"抽象思维"，是一种基于抽象概念的思维形式，它通过符号信息处理进行思维。也就是说，逻辑思维是运用概念、判断、推理的逻辑形式进行思考的思维方式。只有语言的出现，逻辑思维才成为可能，语言和思维互相促进、互相推动。

（二）逻辑思维在口才中的体现

1. 用逻辑思维分析讲话题目

在讲话，尤其是论辩之前，应对讲话题目进行周密细致的逻辑分析，厘清自己或对方的逻辑线索，找到各自的逻辑缺陷，并设想出最佳的逻辑对策。

1993年，在新加坡举行的国际大专辩论赛上，复旦大学代表队与剑桥大学代表队就"温饱是谈道德的必要条件"进行辩论，复旦队是反方，从顾问、教练一直到队员，都十分重视演讲之前的逻辑分析。教练俞吾金教授说："这一辩题中的'必要条件'在逻辑上的含义是'无之必不然，有之不必然'。所以正方在这一辩题中的逻辑困境是要证明'没有温饱就绝对不能谈道德'。也就是说，反方只要举出一个例子，说明人们在不温饱的状态下也能谈道德，正方在逻辑上就已被打倒了。"

俞教授分析了辩题中的核心概念，并指出了正方的逻辑困境，为反方辩论找到了突破口。顾问王沪宁教授回忆说："辩题下来之后，辩论队对三个题目的五个方面进行了逻辑设计，那几天，大家都患了逻辑病。"他们对"温饱是谈道德的必要条件"这一辩题的反方逻辑分析是这样的："人的存在是谈道德的必要条件，人有理性，理性是谈道德的必要条件；在任何情况下都能够谈道德，走向温饱的过程中尤其应该谈道德。"经过这样的逻辑分析之后，在辩论时，复旦队紧紧抓住对方在"必要条件"上陷入的逻辑困境，猛攻其"肠胃决定论（没有温饱就不能谈道德）"，显得游刃有余，故而大获全胜。

可见，在讲话前，运用逻辑思维分析题目是口才艺术成功的前提和保证。

2. 语言表达讲究逻辑层次

讲话不像书面文字可以重读细品，因而讲话的条理性、层次性十分重要，而条理层次是受一定逻辑关系制约的。如果演讲时条理不清、层次混乱，没有轻重主次与前后联系，听众听起来会感到不易理解，因而达不到讲话的目的。所以讲话应讲究逻辑层次，如何开头、怎样展开、如何收尾，都应条分缕析。

如何在表达中运用逻辑思维

在讲话时，逻辑思维起着十分重要的作用，它使思维显得严谨、有条理，使结论令人信服。当众讲话中运用的逻辑方法很多，这里简单介绍几种。

1. 演绎法

演绎法是从一般走向个别的思维方法，它的主要形式是三段论法。

2. 归纳法

归纳法就是从个别的单称陈述推导出一般的全称陈述的方法。其基本内容是，如果在大量观察的事实中发现某类事物具有一种特定的性质，那么就可断定所有这一类事物均具有这一种特定性质。

3. 诡辩法

诡辩是指违背正常的逻辑思维，似是而非的辩论方法。它常常和不正确的立场、观点相联系，通过歪曲的论题、论据和论证方法达到论辩的目的。古人云："诡中有巧，巧中有诡。"在决定胜负的辩论赛上，似是而非的辩论是出奇制胜的秘密武器。在相声、小品等语言艺术中，许多笑料也均是利用了诡辩法。

逻辑思维能力训练

要想把这种"熟知的东西"变为"真正知道的东西"，从而使自己在现实的社会生活中更具"逻辑性"，唯有通过系统地学习逻辑，系统地做一些逻辑思维训练题。

（一）逻辑思维训练的目的

上面讲了逻辑思维的基础知识，但是只知道逻辑的一般知识还不够，还必须在实践中将理论逻辑的知识转换为运用逻辑的技巧和技能。而逻辑思维的工具性质也决定了它在强调技巧和技能的训练过程中，可以通过做一些思维训练题来提高逻辑思维的能力。

逻辑思维训练的目的在于：

1. 可以培养自己认识世界的方法

毋庸讳言，人们不学逻辑也会使用逻辑。但有一点可以肯定，不懂逻辑就不能很好地掌握学习的方法，也不能很好地认识问题、讨论问题，更不能很好地识破诡辩并反驳诡辩。因此，学习逻辑是为了把"熟知的东西"变为"真正知道的东西"，进而更好、更自觉地运用逻辑。

2. 有助于提高沟通交际的能力

就是想清楚、说清楚、写清楚的能力，即能够准确严密地表达思想，论证思想，使之符合准确表达的三个条件：合逻辑、合语法、有说服力。

3. 有助于识别、反驳错误的认识或诡辩

在现实生活中，到处都有错误的认识，以及靠诡辩这种表面上的聪明而非真正的智慧去赚钱的人。黑格尔更是直截了当地认为："诡辩这个词通常意味着以任意的方式，凭借虚假的根据，将一个真的道理否定了，弄得动摇了；或者将一个虚假的道理弄得非常动听，好像真的一样。"而学习逻辑并通过逻辑思维训练，可以帮助我们识别、反驳错误的认识或诡辩。

4. 有助于机智的斗争

在现实社会生活中，有许多机智的斗争。智斗实际上就是逻辑思维的较量。

例如：20世纪的美国作家马克·吐温曾经说过"国会议员中有些人是狗娘子养的"，遭到许多国会议员的反对，要求他收回这句话并道歉。马克·吐温也认为不妥，于是就改口称："国会议员中有些人不是狗娘子养的。"

当我们在说"有些是什么"的时候，意味着"有些不是什么"；而在说"有些不是什么"的时候，也就意味着"有些是什么"。这是自然语言的语法性质。而特称判断在断定"有 A 是 B"的时候，只是断定"存在着"至少一个 A 是 B，也许是全部。至于与此相反的事物是否存在的情况，则是另一个特称判断的任务了。这是性质判断的逻辑性质。

因此，当那些国会议员认为马克·吐温说"国会议员中有些人是狗娘子养的"错了的时候，按性质判断的逻辑性质，"国会议员中有些人不是狗娘子养的"一定是真的。马克·吐温的新判断就是巧妙地在正确的逻辑语言的逻辑性质中隐藏了自然语言的语法性质。

5. 培养逻辑精神

如前所述，人们不学逻辑也会使用逻辑。但这种"逻辑"只是日常生活中积累起来的"逻辑感觉"。要想把这种"熟知的东西"变为"真正知道的东西"，从而使自己在现实的社会生活中更加"逻辑"，唯有通过系统地学习逻辑思维，系统地做一些逻辑思维训练题。

只有这样，我们才能将"自发的逻辑感觉"培养成为"自觉的逻辑意识"，并通过"自为的逻辑训练"，将逻辑感觉、逻辑意识升华为一种"自由的逻辑精神"，使之成为一种时刻用逻辑思考的"习惯"。这就是逻辑思维素质。

（二）锻炼"逻辑脑"的三要素

逻辑思考就是有条理的思考方法。人们经常误认为逻辑性是左脑的能力，但事实并非如此。逻辑思考要通过左脑和右脑的相互配合才能够完成。虽然从是否擅长把握全局这一点上看，左脑无法与右脑相比，但是在建立各种假说有逻辑地解决问题时，右脑与左脑必须共同工作。

人们在分析解决问题时固然要根据自己已有的知识，然而灵活运用直观或通过直觉建立起逻辑结构也非常重要。下面，我来简单解释一下发展逻辑大脑的三个要素。

1. 先把握住整体

我们都知道初次走山路的人如果没有带地图或指南针，很容易在山林里迷路，不知道自己身处何方，最终无法下山。我们解决问题时也是如此。当我们要解决问题时，首先要把握住整体。就像在山中行走要预先看好地图一样，要先了解该地区的全貌。

逻辑思考不是针对细节做出严密的回答，即使细节有一点偏差也没有关系，关键是要把握事物的全貌，并在此基础上解决问题。

2. 大胆提出假设

运用逻辑性解决问题时，如果不具备提出假设的能力，问题就无法解决。掌握了提出假设进行推理的本领，逻辑思考能力自然就会得到提高。在面对问题时，不要为犯了错误而唉声叹气，也不要抓住常识性的假设不放，一定要大胆地提出假设。正如杰出的侦探都是一点一点地破案一样，建立假设后再将它们一个一个地排除，这样就一定能够找到真正的解决办法。

3. 不要出现遗漏和重复

逻辑思考的敌人是遗漏和重复。即使已经提出了完美的假设，但是因为疏忽而遗漏了某一点，那么花再多时间也无法解决问题了。另外，如果在思考的时候出现重复，那么就会产生矛盾而无法破解，最后陷入从头再来的境地，白白浪费了大量的人力和物力。

只有把拼图中的每一个小块都摆放到正确的位置，才能拼出一幅完整的图案，既没有遗漏，也没有重复。逻辑思考也像拼图一样，要把每个小块按顺序一块一块地放到正确的位置上。耐心地进行逻辑思考，注意不要有遗漏和重复，这样才能解决问题。

注意这三个要素，让左右脑平衡地工作，并运用直觉来提高逻辑推理能力，这样就可以真正达到锻炼逻辑脑的目的了。

（三）逻辑思维训练题

训练一：概念训练

题1：东方日出、西方日落，社会是发展的、生物是进化的，都反映了不依赖人的意志为转移的客观规律。某甲对此不以为然。他说，有的规律是可以改造的，人能改变一切，当然也能改造某些客观规律。比如，价值规律不是乖乖地为精明的经营者服务了吗？人不是把肆虐的洪水控制住而变害为利了吗？

以下哪项最为精确地揭示了某甲上述议论中的错误：

A. 他过高地估计了人的力量。

B. 他认为"人能改造一切"是武断的。

C. 他混淆了"运用"与"改造"这两个概念。

D. 价值规律若被改造就不叫价值规律了。

解析：某甲混淆了"运用"和"改造"的概念，正确选项是 C。其他选项都没有指出某甲议论中的逻辑错误。

题2：厄尔尼诺和拉尼娜是热带海洋和大气相互作用的产物。拉尼娜的到来将对全球气候产生相反的影响，由厄尔尼诺现象造成的许多反常气候就会改变。比如，美国沿海遭受飓风袭击的可能性会上升；澳大利亚东部可能发生洪水；南美和非洲东部地区可能出现干旱；南亚将出现猛烈的季风雨；英国气温将会下降；大西洋西岸可能提前出现暴雨和大雪，并使该地区的产粮区遭受破坏性旱灾；东亚的雨带将往北移，秋冬季雨水将会增多。拉尼娜在将冷水从海底带到水面的同时，也将海洋深层营养丰富的物质带到水面加快浮游植物和动物繁殖，将使东太平洋沿岸国家渔业获得丰收。

以下除哪项外，都是上文描述的拉尼娜现象可能带来的影响：

A. 非洲某些地区的干旱不但没有缓解，而且有加重的趋势，非洲一些国家的生活仍然艰难。

B. 澳大利亚西部可能发生洪水，对该地区的牧业将产生不良的影响，世界羊绒的价格可能上涨。

C. 美国东海岸地区的冬天会变冷，降雪量会有明显的增加，影响该地区的粮食生产，世界粮食价格有上涨的趋势。

D. 由于冬季雨水比较充沛，我国北方冬小麦的生长条件得到改善，小麦产量将会有所增加。

解析：正确选项是 B。选项 A 是其可能带来的影响，因为题干中有"非洲东部"。选项 B 都不是其可能带来的影响，因为题干只有"澳大利亚东部"，没有"澳大利亚西部"，内涵和外延都不同。选项 C 和 D 也是其可能带来的影响，因为题干中有"美国沿海"和"东亚"。

训练二：推理训练

题1：某一个学术会议的分组会，有8个人参加。主持人问大家原来认识与否？结果是：仅有1人认识小组中的3个人；有3个人认识小组中的两个人；有4个人认识小组中的1个人。以这种情况为准，最能得出以下哪项结论：

A. 主持人认识小组的人最多，其他人相互认识的少。

B. 此类学术会议是第一次召开，大家都是生面孔。

C. 有些小组成员所说的认识可能仅是在电视或报告会上见过而已。

D. 虽然小组成员原来的熟人不多，但原来认识的都是至交。

E. 通过此次学术会议，小组成员都相互认识了，以后见面能直呼其名了。

解析：题干所说的"认识"，在关系命题中，属于非对称关系。另外，按题干中所说的小组成员"认识"的人的总和，为13人（3+3×2+4×1），是个单数（奇数）。这也说明小组成员之间的"认识"不是相互的，否则，这种"认识"的人的总和应该是双数（偶数）。

所以，选项A不符合，因为题干中所说的认识小组中3个人的不一定就是主持人；选项B、D不能由题干必然推出；选项E也未必能够成真；按照排除法和以上分析，选项C中所说的属于这种单方面的"认识"，就如大家认识知名人士或节目主持人一样。正确选项是C。

题2：某岛上的人分为两种人：骑士和无赖。骑士只说真话，无赖只说假话。而骑士又分为贵族骑士和贫穷骑士。有一位姑娘只爱贫穷的骑士。有一个骑士，只说了一句话，就使这位姑娘相信他是一位贫穷的骑士。这位骑士说了一句什么话？这位姑娘又是如何断定他是贫穷的骑士的？

解析：题干所给的信息实际上是：三种人说两种话。而使姑娘相信的这句话，应该是一句自我介绍的话，并且这句自我介绍的话只能是：

(1) 我是贵族骑士（贵族骑士和无赖可以说，贫穷骑士不能说）。

(2) 我是贫穷骑士（贫穷骑士和无赖可以说，贵族骑士不能说）。

(3) 我是无赖（三人都不能说）。

(4) 我说真话（三人都可以说）。

(5) 我说假话（三人都不能说）。

那位贫穷的骑士所说的话必须是只有他能说，而其他两种人不能说的话，这样才能使姑娘相信他。但上述五句话中，没有这样的一句话。所以，不能有肯定的断定，只能是否定的断定。

(1) 我不是贵族骑士（贫穷骑士可以说，贵族骑士与无赖不能说）。

(2) 我不是贫穷骑士（贫穷骑士与无赖不可以说，贵族骑士可以说）。

(3) 我不是无赖（贫穷骑士与贵族骑士可以说，无赖不能说）。

(4) 我不说真话（三人都不能说）。

(5) 我不说假话（三人都可以说）。

按此，只有贫穷骑士才能说的话就是"我不是贵族骑士"了。

题3：媒体上最近充斥着关于某名人的八卦新闻，这使该名人陷入一种尴尬的境地：如果他不出面做澄清和反驳，那些谣传就会被大众信以为真；如果他出面做澄清和反驳，这反而会引起更多的人的关注，使那些八卦新闻传播得更快更广。这也许就是当名人不得不付出的代价吧。如果上述陈述为真，以下哪项的陈述必然真：

A. 该名人实际上无法阻止那些八卦新闻对他个人声誉的损害。

B. 一位名人的声誉不会受媒体八卦新闻的影响。

C. 在面对八卦新闻时，该名人所能采取的最好策略就是澄清真相。

D. 该名人的一些朋友出面夸他，反而会起反效果。

解析参考：

题干：不批驳 ⟶ 信以为真

批驳 ⟶ 增加关注

不批驳 VS 批驳

信以为真 VS 增加关注（反正是无法阻止对声誉的损害）

正确选项是 A。

训练三：思维规律训练

题1：情报部门截获恐怖分子发送的三条密码信息，经密码破译员的分析得出：(1)"Alingoits Doximayo Makasey"意思是"绑架学生（做）人质"；(2)"Huholikaso Makasey Mugbudengs"意思是"押着人质（见）记者"；(3)"Mugbudengs Ftoufgke Alingoits"意思是"绑架记者离开"。关于有关词语在该密码语言中的意思，下面哪一项陈述可能是真的：

A."Doximayo"意指"人质"。

B."Doximayo"意指"学生"。

C."Mugbudengs"意指"绑架"。

D. 不知道它们是什么意思。

解析：经观察，在题干的三句话中：

(1)(2) 只有"人质"概念相同，"Makasey"相同，指"人质"。

(1)(3) 只有"绑架"概念相同，"Alingoits"相同，指"绑架"。

对（1）中的三个概念进行排除，剩下的"Doximayo"只能指"学生"。

所以，正确选项是 B。

题 2：某班有 60 个学生，男女各占一半。其中有 40 个同学喜欢数学，有 50 个同学喜欢语文。这表明有可能会有：

A. 20 个男生喜欢数学但不喜欢语文。

B. 20 个喜欢语文的男生不喜欢数学。

C. 30 个喜欢语文的女生不喜欢数学。

D. 30 个喜欢数学的男生只有 10 个喜欢语文。

解析：选项 A：即使 30 个女生全都喜欢语文，加上喜欢语文的 10 个男生，也才为 40 个同学。与题干 50 个同学喜欢语文矛盾。排除。

选项 B：可能 30 个女生都喜欢数学，与题干 40 个同学喜欢数学不矛盾。

选项C：即使30个男生全都喜欢数学，也与40个同学喜欢数学矛盾。排除。

选项D：同选项A。排除。

正确选项是B。

题3：有位失学儿童收到一笔助学捐款。经多方查证，断定是甲、乙、丙、丁四人中某一个人捐的款。经询问：

甲：不是我捐的。

乙：是丁捐的。

丙：是乙捐的。

丁：我肯定没有捐。

最后经过确实，这四人中只有一个人说的话是真的。四人中谁的话是真的，又是谁捐的款？

解析：根据前提条件，四个人中只有一个人的话是真的。其中乙和丁的话相互矛盾。根据排中律的要求，这两个人的话不可能都是假的，其中必有一真。这样，就可知甲和丙的话就都是假的了。由于甲说"不是我捐的"话为假，所以一定是他捐的。这样就又可以断定丁说的话是真的了。

题4：在一次商业谈判中，甲方总经理对乙方总经理说："根据以往贵公司履行合同的情况，有的产品不具备合同规定的要求，我公司蒙受了损失,希望以后不再出现类似的情况。"

乙方总经理说:"在履行合同中出现不符合要求的产品,按合同规定可以退回或要求赔偿,贵公司当时既不退回产品,又不要求赔偿,这究竟是怎么回事?"乙方总经理问句的实质是什么?

解析:从甲乙两方的对话看,甲方在提问中包含有"稻草人谬误[①]",乙方发现了这一点,并做出了正确的应对。乙方以反问句的形式,指出甲方在谈判中无中生有,故意指责乙方,以便在本次谈判中讨价还价。

[①] 稻草人谬误又称"攻击稻草人",是一种曲解对方论点,针对曲解后的论点(替身稻草人)攻击,再宣称已推翻对方论点的论证方式。在本例中,甲方绕开谈判话题,攻击乙方的产品质量问题,以便取得谈判主动权。

第二节　逻辑口才的严谨性技巧

如果一位演说者从一个问题跳到另一个问题，然后又回过头来再谈一遍，就像一只蝙蝠在夜色中那般飞翔不定，还有什么演说比这种演说更令人感到困惑及糊涂的呢？

——戴尔·卡耐基

讲话首先要严格遵循逻辑规律，逻辑规律要求人们思考问题和表达思想时，要保持同一性，不能自相矛盾，不能模棱两可，要有充足的理由等。严密的逻辑性是讲话的总体表现和要求，必须贯穿于讲话的全过程，体现在讲话的每一个环节中。

具体来说，讲话要遵循同一思维规律、矛盾思维规律、排中思维规律、充足理由规律。遵循这四个基本规律，就能让表达具有逻辑性，容易被人理解。

同一思维规律：要有明确的中心

一篇讲话中必须有一个确定的思想，这个思想是贯穿整篇讲话的中心，不准有另外的中心，否则就违反了同一思维规律。讲话中运用同一思维规律要注意如下三个问题：

1. 不能随意转移讲话主题

在一篇讲话中必须要有贯穿整篇讲话的中心，不准有另外的中心，也不准随意转移中心。否则，一篇讲话有好几个中心，听众就不知道你在讲什么，你在表述什么思想；随意转移中心话题，容易给人造成错觉，分散听众注意力。一些讲话者在讲话时经常犯的错误就是脱离主题，任意发挥，想到哪里说到哪里，让听众如坠云雾。因此，就要求讲话者在讲话时，一定要心中装着主题、想着主题，紧紧围绕着主题讲。在围绕某一具体问题展开讲解时，也不能偏离大主题，既要放得开，又要收得拢。如在经济运行分析会上，讲话的重点应该是深刻分析经济运行中存在的突出困难和问题，造成的原因，今后应该采取什么对策加快经济发展。

讲话中谈到经济数据不实、虚假现象严重、水分多的问题是可以的；但如果你离开经济这个主体，对官僚主义、弄虚作假、报喜不报忧等问题进行痛斥，大谈其危害和表现，这恐怕就离题太远。听众的注意力就会被引到一些枝节问题上，影响讲话效果。

2. 讲话中不要转移论题，偷换概念

讲话中不要转移论题，偷换概念，否则就会犯诡辩论的错误。

古希腊的一个诡辩论者对他的朋友说："你没有失掉的东西，那么你就有这件东西，是不是这样？"对方回答说："是这样。"这个诡辩论者接着说："你没有失掉头上的角吧？那么你头上就有角了。""没有失掉的东西"应指原来就有现在还没有失掉的东西,不是指从来就没有的东西。

诡辩论者在第一句话中说的就是这个意思,而后一句"没有失掉的东西"则变成了从来就没有的东西。前后两句"没有失掉的东西"概念不同,从而得出了荒谬的结论。当有人说欧谛德谟说谎时,他狡辩地说:"谁说谎,谁就是说不存在的东西;不存在的东西是无法说的,因此没有人说谎。"

欧谛德谟在这里是故意混淆了概念。他讲"谁说谎,谁就是说不存在的东西",这个"不存在的东西"是指说谎者所说的话不符合事实,同实际的东西不相符合;而他讲"不存在的东西是无法说的,因此没有人说谎。"这里所说的"不存在的东西"则是指那种在世界上根本不存在的东西,因而在思维中也根本想象不到,当然也就无法加以述说的东西。前后两个"不存在的东西"所表达的含义是不同的两个概念。

3. 概念必须明确

在同一思维过程中所用概念要有确定的内容,也就是要有确定的内涵和外延;如果概念保持了确定性,那么运用概念进行判断和推理,也就可以保持确定性。相反,如果概念内容不确定,内涵和外延不明确,语言表述就难以做到准确、具体,就容易造成思想混乱。下面两个例子就犯了逻辑错误。

> 例1　某领导在一次会议上,要求领导干部要切实加强学习。他说:"领导干部要切实加强对社会科学、哲学、政治经济学、历史学及社会主义市场经济知识的学习。"
>
> 例2　有人说:"管理很重要,管理水平的高低,是企业取得良好效益的重要条件。"

上述例1中,对社会科学、政治经济学的概念不明确。政治经济学、哲学、历史等都包含在社会科学的外延内,不能并用。社会主义市场经济知识也包含在政治经济学的外延之内,也不能并用。正确的表述方法应该是:"领导干部要切实加强对哲学、政治经济学、历史学等社会科学的学习,尤其要加强对社会主义市场经济知识的学习。"

例2的错误在于管理水平的高低,是取得良好效益的重要条件。就是说无论管理水平高还是低,都能取得好效益。这显然是不对的。正确的说法应该是:"提高管理水平,是企业取得良好效益的重要条件。"

矛盾思维规律:思想一致,首尾一贯

矛盾思维规律要求在同一思维过程中,两个互相反对或互相矛盾的判断不能同时都真,其中至少有一个是假的,或两个都是假的。如果同时为真，则是自相矛盾。矛盾思维规律，现实生活中，某些讲话者在讲话中经常犯自相矛盾的错误。

> 例1 "如果大家都动手大搞卫生，那么我们的健康和疾病就有了保障。"
>
> 例2 "我基本上完全同意他的意见。"

在例1中，"健康"与"疾病"是两个含义相反的概念，不可能同时都有了保障，犯了自相矛盾的错误。

在例2中，"基本上"与"完全"是两个有着不同逻辑意义的词语。"基本上"具有"绝大部分但不完全"的含义。这句话表达了"我既不完全、但又完全同意他的意见"的意思，这就在同一思维过程中对同一对象做出了两个互相矛盾的断定。还有，大家都知道的"自相矛盾"的寓言故事。说的就是一个卖矛和盾的人，鼓吹自己的矛和盾是如何的好，说："我的矛无比锋利，什么样的盾都能戳穿。""我的盾十分坚硬，什么样的矛都戳不穿它。"旁边的人就问他："用你的矛戳你的盾，会怎么样？"卖者顿时哑口无言。卖者的话前后矛盾，不能自圆其说，违反了矛盾思维规律的规则。在辩论中抓住对方言论中自相矛盾的地方予以驳斥，就会具有很强的说服力。

排中思维规律：表述清晰，观点鲜明

排中思维规律要求二者必居其一。在同一思维过程中，两个互相矛盾的判断不能同时都假，其中必有一个是真的。排中思维规律要求在讲话中表述的思想观点必须鲜明，是什么就是什么，肯定什么、反对什么、赞成什么、批评什么……必须旗帜鲜明，不能含糊其词。

> 例如：某单位在研究是否给某人纪律处分时，有位领导说："我是不赞成给他处分的，但也不赞成不给他处分，我认为适当给予处分也是必要的。"这位领导的话显然违反了排中思维规律的要求。"不赞成给他处分"与"不赞成不给他处分"是两个相互矛盾的思想，对这两个相互矛盾的思想同时加以否定，既不赞成给他处分，也不赞成不给他处分，陷入了含糊其词的境地，让人难以捉摸，不知道他到底是什么态度。

充足理由规律：言之有理，持之有据

充足理由思维规律要求在思维论证过程中，要确定一个判断是真的，必须要有充足的理由。即人们常说的言之有理、持之有据。讲话者讲话贵在有理有据，提出一个观点后，要有大量的、翔实的材料来论证,听后让人觉得很有说服力。在讲话中运用充足理由思维规律,要求以大量的事实为论据来为讲话主题服务。特别是运用的例子要真实、准确,经得起实践的检验和推敲,不能引用差不多、大概、可能之类的数据,特别是数据更要核准。只有所用材料准确可靠,讲话才能做到事真、情真、理真,才能令人信服。如果你引用的资料被听众发现有失实或错误之处,那么你所使用的全部数据都将被听众怀疑,整个讲话也将被大打折扣。

有些讲话者讲话无内容、无观点、无新意,从根本上说是掌握材料少的缘故。没有翔实的材料,即使有华丽的辞藻,也会让人感到苍白无力。讲话者讲话只有和群众有共鸣点,才能被群众所理解和接受。与群众产生共鸣点的关键就是观点正确、论据充分、论证有力。给人一种朴素实在、无可辩驳的感觉。其实,共鸣点就蕴藏在实实在在的材料中。这就要求讲话者平时注意多收集实践中的活材料,丰富讲话论据,增强讲话的说服力。

第三节　运用逻辑思维破斥对方诡辩

诡辩是现实生活中人人都会碰到的事情，如何认识诡辩手法、掌握破斥诡辩的方法，是现代人实现有效沟通的必备技能。正常有效的沟通必须符合逻辑思维规则和规律，也必须符合沟通交际的伦理规范。

> 辛郁是唐太宗时期的大臣，别名叫太公，唐太宗对他的别名很不满意，想让他改掉。
> 一日，辛郁进宫面见太宗，太宗一见他就问："你叫什么名字？"
> "辛太公。"辛郁回答。
> "新（辛）太公比旧太公（指姜太公）如何？"太宗半开玩笑地问道。
> 辛郁听出皇帝的嘲弄意味，忙回答说："我当年十八岁就遇到了陛下，而旧太公八十岁才遇到周文王，这样说来，我比旧太公强多了。"
> 唐太公听了后非常高兴，再也不讨厌他的别名了。

以子之矛，攻子之盾

这种方法能借助对方的进攻力量回击对方，对方的进攻力量越大，反击的力量也就越大，往往能使对手猝不及防、自取其辱。

《三国志》中有一段伊籍成功地运用这一方法，维护了国主的尊严的故事：

> 蜀先主以伊籍为左将军从事中郎，使吴，孙权闻其才辩，欲折其辞。籍适入拜，权曰："劳事无道之君乎。"籍应声对曰："一拜一起，未足为劳。"吴主大惭，无语以对。

孙权所说"劳事无道之君"的"劳"是"辛劳"之意，"无道之君"当然是指刘备了。伊籍故意"装聋作痴"，随机应变地利用他正在给孙权跪拜的机会，巧妙地把"劳"的意思改成"一拜一起"，那么"无道之君"自然是指孙权了。孙权终于取笑不成，反取其辱。又比如：

> 一个小男孩在面包店里买了一个面包，发现面包比平时小得多，于是对老板说："这个面包怎么这么小啊？"
> "哦，这样你拿起来就方便了。"显然老板在诡辩了。
> 小男孩没再争辩，留下一点钱就要离开，老板赶紧大声

> 地叫住他:"嗨!你面包没给足钱啊!"
>
> "哦!不要紧,"小孩说,"这样,你收起钱来就方便了。"

这种反驳可谓妙不可言。

下面是一个收入了美国联邦法院的案例汇编中的一个案例,这个案例中运用破斥诡辩的方法,甚是值得一读,完全是"以子之矛,攻子之盾"的经典案例。

> 20世纪60年代,美国俄克拉何马州地方高等法院受理了一桩颇为棘手的刑事案件,有人被控犯有杀人罪,法院经过了漫长的调查取证,掌握了很多重要的证据,足以证明他杀人的事实成立,但是他的辩护律师不同意对他的指控,理由是:被害人的尸体一直没有找到,法院根本无法认定所谓的被害人已死亡。
>
> 案件进入了审判阶段,法庭对被告人是否有罪展开辩论。
>
> 被告人的辩护律师说道:"法官先生,有一件事情会让你们大吃一惊。"
>
> 他举起手腕看了一下手表说,"再过一分钟,在本案中被认定已死亡的那个人将走进法庭。"
>
> 法官和所有陪审团的成员一下子都惊呆了:他没有死?他们全都把目光投向了法庭的入口。

可是一分钟过去了，那里什么也没有发生。

这时，辩护律师说："请原谅我开了一个小小的玩笑，这只是我虚拟的一个情节，那个人并没有像我说的那样从这里走进来，但你们刚才的反应证明了一点，那就是：你们并不能完全肯定那个人已经死亡。因此，基于这一点之上的所有指控都是不能够成立的。"

法官和陪审团的成员们一下子陷入了极其尴尬的境地，他们没有人能出来驳斥他的说法。这时，主控方的首席律师反驳说："没错，刚才大家都在看门口，这说明大家对被害人是否死亡还心存疑虑，这不奇怪，因为任何推断都有可能发生意外，他们中没有一个人是当事人，因而并不直接知道被害人是否死亡。可是有一个人知道，那就是您的委托人，本案中被控杀人的当事人。我注意到了，他并没有朝门口看去。这说明什么呢？说明他根本就不相信被害人会从那扇门里走进来。"

巧设圈套，诱敌入瓮

巧设圈套，诱敌入瓮是根据对方提出的论点所形成的态势，借题发挥，以表达自己的看法和观点，并给予对方反驳，使之转势为被动。这种方法表面上是顺应对方的话题，实际为言在此而意在彼，最终使对方陷入圈套而无法争辩。

《资治通鉴·唐纪》记载,武则天当政时期,大力推行严刑峻法。

一天,有人告了周兴,武则天便命来俊臣审问。来俊臣请来周兴喝酒,假意向他请教审讯罪犯的先进经验。

周兴不知道是计,醉醺醺地说:"这有何难,只要把犯人装进大坛子里面,然后在下面用炭火烧,犯人自然什么都招认了。"

来俊臣就按照他说的,准备了一个大坛子,点好炭火,然后厉声说:"周兴兄,请你进瓮吧!有人告了你的状。"

从此之后,"请君入瓮"便成了成语,是指诱使对手自掘陷阱,自寻死路的意思。

下面我们来看一个请君入瓮的实际案例。

战国时代,孙膑助田忌赛马胜了齐威王之后,齐威王便总想找机会报复他。一天,他们来到了一座山脚下,齐威王突然心血来潮,就给孙膑出了一道难题:"你能让我自愿走上山顶吗?"孙膑笑了笑说:"陛下,我实在没有能力能让您自愿走上山顶,不过,如果您在山顶上的话,我倒是能让您自愿走下来。"

齐威王一听,心想我就不信,无论你怎么样我也不主动

> 走下山,看你孙膑能有什么高招。于是,齐威王走上了山顶,而这时候,孙膑说:"陛下,我已经让您自愿走上山顶了。"齐威王这时候才明白,原来是中了孙膑的计。在这里孙膑运用的就是请君入瓮的方法。

在我们使用这个方法时候,必须要注意几点:

第一,要设好圈套。在设圈套的时候,要先揣摩对方的心理状态,然后以进攻者的姿态发问,或假设其事,或虚言夸张,设好"口袋",诱使对方上钩,为后面做好准备。

第二,巧妙地引诱。在引诱的时候,可以采用障眼法,巧布疑阵,不露痕迹,以免被对方识破而功亏一篑。当对方不轻易上钩时,便辅之以激将法,来尽快诱使对方进入你的圈套,这是诱敌入瓮的关键所在。

第三,反击要有力。一旦对方已经进入"口袋",就应不失时机地扎紧口袋,迅速出击,瓮中捉鳖,不给对方以回旋的余地。

将错就错,以谬制谬

运用逻辑思维,破斥诡辩的过程中,最常用的方法就是将错就错,以谬制谬。先承认被反驳的诡辩论题为真,然后据此必然推出荒谬的结果或对方不能接受的结论,从而在不知不觉中将对方引到自己否定自己的尴尬境地上来，最后有苦难言，丧失了反驳的余地。

有个美国人买了一盒极为稀少并且很昂贵的雪茄，还为这盒雪茄投保了火险。结果他在一个月内就把这盒雪茄抽完了，保险费一分也没有交，却提出要保险公司赔偿保险的要求。

这个人说："雪茄是在一连串的小火中受损的，你们没有理由不赔偿。"

保险公司当然不愿意赔偿，理由是："这个人是以正常的方式抽完雪茄的。"

结果这个人将保险公司告到法庭。法官在判决中表示，他同意保险公司的说法，认为这场诉讼非常荒谬，但是原告手上确实有保险公司同意承保的保单，证明保险公司保证赔偿任何火险，并且保单中并没有限定性的指出什么样的"火"不在保险范围内。因此，保险公司必须赔偿。与其忍受漫长而昂贵的上诉过程，保险公司决定接受这项判决，赔偿了原告15万美元。当这个人将支票兑现之后，保险公司马上报警将这个人逮捕，罪名是涉嫌24起"纵火案"。由他先前的申诉和证词，这个人立即以"蓄意烧毁已经投保之财产"的罪名被定罪，要入狱服刑24个月，并罚24万美元。

保险公司的反诉运用的就是将错就错,以谬制谬的方法,即从对方的荒谬中推出更加荒谬的结论来。又如:

> 中国古代的墨子劝阻鲁国攻伐郑国,鲁国国君对墨子说:"你为什么要阻止我攻打郑国呢?我攻打郑国是顺应上天的意志。郑国人屡次杀死他们的君主,上天惩罚他们,让郑国连续三年遭灾。我攻打郑国正是在帮助上天来讨伐郑国呀。"
>
> 对此,墨子回答道:
>
> 郑人三世杀其君,而天加诛焉。使三年不全,天诛足矣!今又举兵将以攻郑,曰:"我攻郑也,顺天之志。"譬有人于此,其子强梁不材,故其父笞之。其邻家之父,举木而击之,曰:"吾击之也,顺其父之志。"则岂不悖哉?(《墨子·鲁问》)

在这里,墨子并没有直接破斥鲁国国君的诡辩,而是顺着他的逻辑,举出一个邻家之父帮助鞭打不成器的儿子的事例,以比喻类推的归谬形式,间接地道出了鲁国国君"助天行罚"的荒谬。

以迂为直,避开两难

以迂为直,避开两难,即避开对方两难推理顶来的两个犄角,重新构造一个与对方结构相同的两难推理,却推出与对方相反的结论，从而把对方顶过来的犄角再顶回去。

> 据《前汉演义》记载，当项羽击败汉兵，逼近广武，与刘邦夹涧而屯兵之后，为了逼迫刘邦与他决战，便采用了一个激将的办法：他将刘邦的父亲太公置于俎上，推至涧旁，厉声大呼："汝若不肯出降，我便烹食汝父。"
>
> 面对此景，刘邦陷于"两难"：如果出战，则会全军覆没；如果不出战，则父亲就要丧命。或者出战，或者不出战，总之，或者全军覆没，或者父亲丧命。这时张良献了一计，叫刘邦也对项羽喊话说："我与汝同事义帝，约为兄弟，我翁就是汝翁。必欲烹汝翁，请分我一杯羹。"项羽听了此言，怒不可遏，但因叔父项伯上前相劝："天下事未可知，且为天下者不顾家，虽杀之无益，祇益祸耳。"也就是说，争天下的人是不顾家的，即便是杀了他的父亲也无济于事，甚至还会增加祸患。项羽一听，感到其言在理，只好作罢。最后，激将之计终于未能得逞。

在这里，张良就是让刘邦运用了以迂为直法，与自己的"两难"相联系，找出对方的"两难"所在（杀：不义；不杀：对方不肯投降），重新构成某种关系，把自己从"两难"中解脱出来，逼对方无法施展计策。

第二章
应变思维与口才艺术

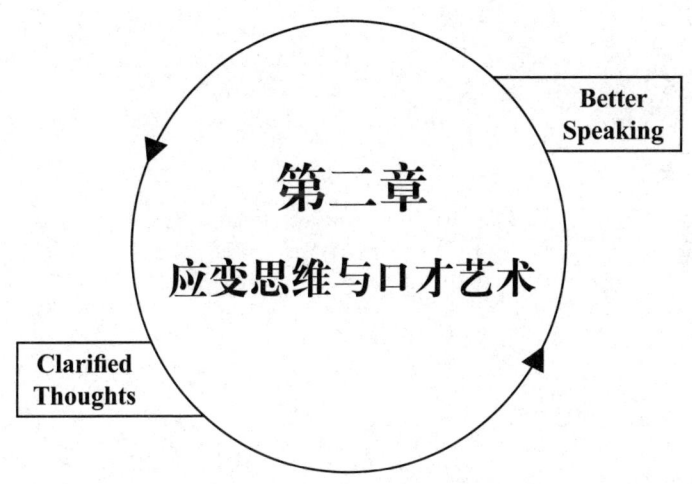

第一节　应变思维决定口才的灵活机智

> 我在社交场合,往往能够对答如流,妙语连珠,将事情解决得如行云流水,滴水不漏,那是得益于我的秘诀。
>
> ——戴尔·卡耐基

在社交场合中,经常会出现一些出其不意的事情,如果你没有这方面的应急技巧,可能会陷入一种很尴尬的地步。

应变思维是好口才的必备要素

(一)应变思维概述

随机应变是一种灵活的处事方法。它能化冲突为喜悦,变危机为幸运,它是缓解尴尬气氛的调合剂,能帮助你走出困境。

应变思维是指能从客观实际出发,根据时间、地点、人物、事件的变化,通过正确的判断、科学的分析,及时巧妙地处置各种复杂变化的情况的思维方法。从思维能力角度看,应变思维属于思维的爆发力,是思维运动中的一种喷薄状态。用通俗的话说就是:灵机一动,计上心来。思维爆发力的形成,一方面是大脑中暂时的神经联系突然接通,贮存在大脑中的知识和经验以及感知到的外界刺激和信息出现了对撞,于是出现了思维的飞跃;另一方面,是感知到的外界刺激和信息拓展了思维的领域,经过大脑及时的汇总、分析、判断,做出创造性的反应。

应变思维是好口才必须具备的素质之一。应变即随机应变,主要是指能根据情况的变化采取适当的应对行为。应变性在讲话中具有十分重要的意义,因为一切讲话的进行,不一定完全按照事先预定的步骤发展,必然隐藏着一些不可预知的东西,讲话者如果冷静机智,应对得当,便会使讲话过程更加生动,从而优化传播效果。

(二) 应变口才的思维类型

应变口才是以思维的迅速反应为前提的,思维口才大师德博诺把应变口才技巧分为两种,即"垂直思维型"和"横向思维型"。

"垂直思维"就是纵向型线性思维,即正面直视事物的客观现状和发生的变化,从事物的发生处出发,不回避焦点,不避开矛盾,沿着事物的爆发点进行直线型的、由上至下的思考,直到找到最佳答案或对策。在运用"垂直思维"的过程中,必须紧紧抓住事物的核心,这个核心在数量上是少数,但在质量上和能量上则是举足轻重的。

"横向思维"要求我们避开问题的正面,从多种角度入手,不断从一条思路跳到另一条思路,增大思维的范围和数量,对事物的不同侧面进行分析,最终找到解决问题的办法。

德博诺是这样解释垂直思维与横向思维的区别的：垂直思维是分析性的，横向思维是启发性的；做垂直思维时，每一步必须准确无误，否则无法得出正确的结论，而横向思维旨在寻找创造性的新想法，不必要求思维过程的每一步都正确无误；在垂直思维中，使用否定来堵死某些途径，而在横向思维中没有否定。他比喻说，垂直思维是在深挖一个洞，横向思维是尝试在不同的地方挖洞。把一个洞挖得再深，你也不可能得到两个洞。因此垂直思维是为了把一个洞挖得更深的工具，而横向思维则是用来在别的地方另外挖一个洞的工具。

在实际运用过程中，垂直思维与横向思维是交替使用的，单独使用任何一种思维，都很难取得好的效果。"横向型"反应太宽泛，"垂直型"反应又过于狭隘，这是应变时必须要考虑周全的。思维速度敏捷的人经常能表现出良好的"临场应急"口才，这种本领在各种场合都有用处，可以帮助我们摆脱突然出现的尴尬境地或应对某些不友好的攻击。

应变思维口才能力训练

应变包含着两方面的因素，一方面是先天的素质，即神经系统自身的反应能力；另一方面是后天的训练和积累，即应变思维和语言能力的学习实践。

良好的应变思维能力需要知识和经验的积累作为依靠。要想使积累的经验和知识变成流畅、生动的表述，不仅要注意数量上的积累，更要注重提升它们的质量，以期发挥它们最大的效用和价值。同时，要系统化整合知识和经验资源，提高知识的精确度，避免模糊朦胧状态。

应变思维的产生是信息瞬间对撞的结果，而只有抓住不同信息间的联系，才有可能使这种对撞发生。寻找联系的途径就是发现新思路的过程，也是保持积极的思维状态的过程。思路的打开和逐渐丰富，必然建立更多不同信息对撞的通道，时常保持积极的思维状态才可能发生质的飞跃，突破思维的瓶颈。

训练一：词汇三级跳

根据给出的词汇，快速推想，经过三级跳跃到达目标词。该训练可以突破思维局限，锻炼思维的流畅性。

例如：学校………（校规）………（规律）………法律

练习：

书法………（　）………（　）………印刷

中国………（　）………（　）………入门

地球………（　）………（　）………能量

风筝………（　）………（　）………飞机

训练二：话题接龙

练习时可以设定一个话题，参加者每人围绕该话题说一句表达自己观点的话，但必须接着前一位的最后一个字说下去，允许用谐音。这个练习要求思维反应要快，话语衔接紧密，并且话不离题。可以依次进行几个回合，直到把话题说得比较充分为止。还可以采取淘汰出局或录音后评分的方式论优劣、分胜负，以增加练习的趣味性和实际效果。

训练三：速问速答

这个练习的主要目的就是提高思维的敏捷度和简短语言的组织能力。练习围绕一个"快"字展开，在一问一答的语言交锋中，让参与者的思维自始至终保持高度的兴奋和紧张状态，积极调动大脑中贮存的信息元素，及时迅速地做出反应。

训练四：即兴演讲

在文艺、科学活动中，由有关事物的启发而突然产生的创造性的思路，称为灵感。要想更多地获取灵感，可以采用即兴演讲练习：一人首先在数张纸条上，分别写上不同的题目，然后再以抽签的方式，让参与者每人抽出一张纸条，并立即就纸条上的题目，发表一分钟的即兴演讲。这样做，一是锻炼自己敏捷的思维能力；二是锻炼自己的口头表达能力。

第二节　应变思维的转换话题技巧

在各种讲话场合中，出乎意料的事情随时都可能发生。在讲话过程中如果出现了冷场的尴尬局面，或谈话触及他人隐私、隐痛的时候，就不要再继续谈下去了，要根据说话时的情景或者身边的事物等，立即转换话题。

> 有一个驰骋疆场的将军，战功显赫，但在家里却很怕老婆，他的部下很为他不平。
>
> 一天，他的部下把军队全副武装集合起来，敲响了战鼓，由将军带领，向将军府前进，打算以此来挫挫夫人的气焰，壮壮将军的胆量。
>
> 夫人正在房中休息，听到这个消息后，立刻来到外面，果然见丈夫骑着马迎面而来，她呵斥道："你带来这么多人，想要干什么？"
>
> 将军慌忙跳下马，拱了拱手，毕恭毕敬地说："军队集合完毕，请夫人阅兵！"

在各种讲话场合中，出乎意料的事情随时都可能发生。这就要求讲话者一定要机警、灵敏，有随时可以应对一切突发事件的应变能力，包括超前应变能力和临场应变能力，能够根据不同的场合，调节具体的策略和措施。

借题发挥，巧转话题

借题发挥，是指根据说话时的情景或者是身边的事物等为话题去转变，但在转换的过程中必须要做到"巧"，才能使对方心服口服。

老刘的一个老同学来家里看望他，两个人在客厅里天南地北地聊着天，不知不觉已经到了用晚餐的时间了。老刘有个小儿子，才五岁，跑到老刘旁边趴在他肩膀上"咬耳朵"。老刘和同学聊得正高兴，很不耐烦地对儿子说："这么没有礼貌！当着客人的面咬什么耳朵？叔叔不是外人，有话快说！"

儿子一听爸爸这么说，就大声说道："妈妈叫我告诉你，家里没有菜，不要让客人在家吃饭。"

一时之间两个大人都愣住了，多尴尬！怎么解释啊？

老刘脑筋一转，伸手抱起儿子，用手指刮了一下儿子的小鼻子，然后说道："你妈妈今天这么给面子！以前家里来客人她都让在家里吃饭，今天居然大方得要到外面饭店去吃！好！咱就听你妈妈的，不在家吃，去外面饭店！"

尴尬局面的出现，往往是刹那间的事情，如果缺乏镇静，那只能是手足无措、乱上加乱。老刘遇到这样的事情，居然还能保持镇静、随机应变、巧妙发挥，可真算是一个应变高手了。又如，"晏子使楚"的故事，晏子的借题发挥、随机应变的技巧更是让人不服不行。

> 一次齐相晏婴出使到楚国，楚王对群臣说："晏子的个子太矮，可是名气却很大，这次一定戏弄他一番。"
>
> 楚王命人在大门的旁边开设了个小门，让晏子从小门进宫。晏子看出楚王的用心，从容镇静地说："我们齐国出使到人国从人门进，出使到狗国才从狗门进。"楚王被弄得无言以对，只好让他从大门进宫。
>
> 晏子拜见楚王，楚王又傲慢地说："怎么齐国没人了吗？"
>
> 晏子知道这是在讥讽他，立刻回答说："我们齐国有的是人，如果人人把袖子张开，就能遮天蔽日；如果人人洒下一滴汗，就如同下雨一般。在我们齐国的大道上，人多得肩并着肩，行人脚尖碰着脚跟，怎么能说没有人呢？"
>
> 楚王接着说："既然如此，那么齐国为什么要派遣你这样的人出使呢？"
>
> 晏子说："齐国派遣使臣有个规矩，他们当中贤明的人，国家就派他出使到君主非常贤明的国家；不贤明的人，国家就

派他出使到君主不贤明的国家。我晏婴是个愚钝不贤明的人，所以最适合出使到楚国啦！"楚王听到这里面红耳赤，只好赔着笑脸应和他。

正谈着，忽见武士们绑着一个人来到楚王面前。楚王问："这绑的人是干什么的？"

武士回答说："他是齐国人，是个十恶不赦的惯盗。"

这时楚王得意地看着晏子说："齐国人都是善于偷东西吗？"

晏子离开了座位不慌不忙地回答说："我曾听过这样的事，橘树生长在淮河以南就是橘树，生长在淮河以北就是枳树，它们只是树叶相像，果实味道却不同。之所以会有这样的变化，是生长的水土不一样啊。树是这样，人也是这样。生长在我们齐国的人都不偷东西，一旦到了楚国就学会了偷东西，莫非楚国的水土使人善于偷东西吗？"

楚王听了无言对答，只好笑着说："您真是名不虚传的智者啊！看来是不能同智者开玩笑的，我这真是自讨没趣，先生千万不要介意。"

以假乱真，虚实参半

在交谈时，为了达到一定的目的，可以以假乱真，运用真真假假、虚虚实实的策略，巧妙地改换话题。

明初时期，有一个知府姓曹，自称是曹操的后代。一天，他去看戏，正逢演《捉放曹》。扮演曹操的赵生把曹操的奸诈阴险表演得惟妙惟肖，曹知府见自己的祖宗被辱，不由大怒，当即派差役传赵生治罪。

差役欲带赵生，赵生不明白原因，差役就把原因告诉了他。赵生便随差役进府。曹知府见赵生昂然而来，拍案呵斥道："尔等小民，见本知府怎不下跪？"

赵生瞪眼回答道："大胆府官，既知曹丞相前来，怎不降驾而迎？"

曹知府气得脸色铁青："你，你，谁认你是曹丞相？你是唱戏假扮的！"

赵生冷笑一声说："大人既然知道我是假扮者，又为何当真，欲将我治罪呢？"

曹知府只好放了赵生。

赵生就是运用了以假乱真的技巧，把曹知府的荒谬、无理取闹如法炮制，以其人之道还治其人之身，使对方的谬论不攻自破。

避重就轻，转移注意力

避重就轻、转移注意力的策略，是指在谈话时提出一个更新鲜有趣的话题，利用对方的好奇心理，改变对方的注意力和谈话方向，从而岔开原来的话题。例如：

> 当孩子看到火车时，常常会问："妈妈，火车为什么跑得那么快啊？"
>
> 这个问题一时半会也讲不清楚，就算讲，那些深奥的道理小孩子也未必能理解，于是妈妈可以说：
>
> "是啊！火车跑得可快了！过几天妈妈带你去姥姥家，咱们就坐这么快的火车。"

这样孩子多半是会高兴得拍着小手，说起去姥姥家的事了。

这例子就是使用了转移注意力的方法，通过说起孩子感兴趣的事情而回避孩子的问题，使孩子的注意力转移，从而转换了话题。又如：

> 周一上班，公司里的员工都在谈论周末市里举办的展销会。公司里的小王对穿着很在意，所以一直在与同屋的小丽讲展销会上服装如何漂亮，小丽不喜欢这个话题，可作为同事又不好直说，她就顺势说道：
>
> "昨天的展销会我也去了，真的不错，那里的数码产品特别齐全，价格也合理，我还买了一个数码相机呢……"

就这样，小丽顺着小王的话，把小王的注意力从服装转到了数码产品上，改变了原本的话题。

巧变角度的转换话题

巧变角度是指运用人们对同一事物的认识和体验的不同，把对方的话从多方面加以理解，从对自己有利的角度来进行阐述，进而达到转换话题的目的。

> 约翰·洛克菲勒是世界著名的富翁，可他在日常开支方面却很节俭。一天，他到纽约一家旅馆去投宿，要求住一间最便宜的房间，旅馆经理巧言相劝道："先生，您为何要住便宜的小房间呢？您儿子住宿的时候，总是挑最豪华的房间呀！"
>
> 约翰·洛克菲勒答道："不错，我儿子有一个百万富翁的父亲，可我没有啊！"

这个例子中，约翰·洛克菲勒就是运用了转换角度的方法，将自己有钱的问题巧妙地改换成父亲是否有钱的问题，从而转换了谈话的方向，使自己顺利地摆脱了困境。

第三节　应变思维的自嘲、解嘲技巧

有一条不成文的法则，讥笑自己的人有权利开别人的玩笑。

——戴尔·卡耐基

自嘲、解嘲不仅反映出一个人的聪明才智，还显示了一个人的随机应变能力。但需要注意的是，自嘲、解嘲既不是毫无意义的插科打诨，也不是没有分寸的耍嘴皮子。自嘲、解嘲是要在人情入理中表现一个人的机智应变能力。

当令人难堪的事实已经发生，运用自嘲，能使你的自尊心通过自我排解的方式受到保护，并且还能体现出你大度的胸怀。

易被接受的机智拒绝

有时候，当别人有事求你时，你不想答应，可又不好明言拒绝，那样会让对方很难堪。如果你运用自嘲的方法委婉拒绝，既能表达自己的意图，又会使对方更容易接受。

> 有一次，林肯在拒绝参加某个报纸会议时，为了说明他不出席这次会议的理由，他给大家讲了一个小故事：
> 我在森林中遇到了一个骑马的妇女，我停下来让路，可

是她也停了下来，目不转睛地盯着我看。

她说："我相信你是我见过的最丑的人。"

我说："你讲对了，但是我又有什么办法呢？"

她说："当然，你生就这副丑相是没有办法改变的，但是你还是可以待在家里不要出来嘛！"

林肯通过幽默的自嘲，把自己拒绝参加这次会议的想法，间接地表达出来，这样既说明了自己的意图，又不会让对方难堪。

失意时巧妙慰己慰人

人们有时候因遇到某些不尽如人意的事情而烦恼和苦闷，或者是有不愿意被人知道的"缺点"，这些事情常常会成为众人谈论的焦点，甚至是成为众人取乐的笑柄。运用自嘲，既可宽慰自己，又能避免别人笑话，可谓是一举两得。

清代乾隆年间，广东的一位考生谢启祚，九十八岁了仍参加了乡试，主考官点名时，劝他回家抱孙子算了。可是谢启祚意志坚决，非考试不可。最后，皇天不负有心人，他终于中举。老先生悲喜交加，特意做了一首自嘲诗《老女出嫁》：

> 行年九十八,出嫁不胜羞。
> 照镜花生面,持镜雪满头。

九十八岁参加乡试,谢老先生自知众人对他的谈论和评价不会少,而自己也觉得不好意思,于是通过一首诗来自嘲,达到了慰人慰己的效果。

灵活排解难堪事实之道

在生活或交谈中,当对方有意无意地触犯了你,将你置于尴尬境地时,借助自嘲摆脱困境,是一种再恰当不过的选择了。

> 20世纪50年代初,美国总统杜鲁门会见十分傲慢的麦克阿瑟将军。会见中,麦克阿瑟拿出烟斗,装上烟丝,把烟斗叼在嘴里,取出火柴。当他正准备划燃火柴的时候,才停下来,对着杜鲁门说:
> "我抽烟,你不会介意吧?"
> 显然,这不是真心征求意见,在他已经做好抽烟准备的情况下,如果对方说他介意,那就会显得粗鲁和霸道。
> 这种缺少礼貌的傲慢言行使杜鲁门有些难堪。然而,他看了麦克阿瑟一眼,自嘲道:"抽吧!将军,别人喷到我脸上的烟雾,要比喷到任何一个美国人脸上的烟雾都多。"

由此可见，当令人难堪的事实已经发生，运用自嘲能使你的自尊心通过自我排解的方式受到保护，并且，还能体现出说话者的大度胸怀。

融洽气氛的良方

自嘲运用得好，可以使交谈平添许多风采。如果运用得不好，就会起到反作用而使对方反感，造成交谈障碍。所以运用自嘲要审时度势，不宜乱用。比如，答辩、座谈讨论等就不宜运用自嘲。其实，自嘲不过是当事者采取的一种貌似消极，实为积极的促使交谈向好的方向转化的手段而已。

> 一位丈夫工作很忙，天天早出晚归的，妻子很不高兴，猜想他在外面有了别的女人。
>
> 可妻子又不能直接说出来，怕丈夫真的是工作忙，于是就半开玩笑地说："你天天早出晚归的，谁知道你是不是真的在忙工作，整天在外面的花花世界里，说不定是看上别的女人了呢！"
>
> 丈夫笑了，调皮地说："你瞧瞧我这副尊荣，脸比驴脸还长，眼睛小得像一条缝、罗圈腿、招风耳，没有钱、没有势，除了你可怜我，还有哪个女人会看上我啊！"这句话说得妻子扑哧一笑，再也没提此事。

如果丈夫不是运用自嘲来调节气氛，而是说："我每天在外面工作忙得都快累死了，你在家没事还总怀疑我，我真是不知道你是怎么回事……"我想，妻子听到丈夫这么说，两个人一定避免不了生气或是争吵。丈夫的自嘲不但隐含让妻子放心的意思，还避免了夫妻间的争吵，增进了两个人的感情。

嘲笑的含蓄回击

小李长得很矮小，快三十了还没有找到女朋友。

一天中午，办公室几位爱说长道短的同事在这午休时间里开始调侃道：

"他呀，就是一个三等残废！现在的女孩子们眼睛都长到头顶上了，只盯着高个子帅哥，哪里能看上他呀！"

"话也不能说得太绝对了，人家武大郎还娶个美女潘金莲呢！"

"哈哈，也是啊！如果他去打篮球，一定很好玩……"

这时候，办公室里的门开了，小李从里面走了出来。他一直在里面加班，他们嘲笑他的话全被他听到了，办公室里的气氛十分尴尬，大家全都不说话了，一时间屋里面很安静。只见小李笑嘻嘻地走向大家并说道：

"哪天要是天塌下来了，还有你们高个子的替我顶着呢……"

小李的一席话，不但使自己走出了尴尬，也使对方走出了尴尬，大家又继续开始说笑了。

巧妙回敬揭短之道

亲戚、朋友有时会开玩笑似地揭你的"短"，弄得你下不来台。默认吧，会觉得窝囊；还口呢，又觉得不够大度。这时，你不妨运用幽默的语言、滑稽的表情和自嘲化解这尴尬的处境，活跃气氛。

> 一位作家刚刚发表一篇小说，获得了大片赞誉。而另一位作家却不屑一顾，开玩笑地对他说："这本小说还不赖，是谁替你写的？"
>
> 他回答道："哦，谢谢你的赞誉，不过，是谁替你把它读完了？"这真是幽默的回敬。

对于"揭短"者，幽默的解嘲是最好的办法，可在对付"揭短"时，要注意以下几点：

第一，尽量不要认为他人别有用心。如果我们"神经过敏"，对别人的每一句话都琢磨其潜台词、话外音，那就会自寻烦恼。因为许多场合，对方往往是脱口说出即兴联想的玩笑话，根本没想到会伤害你。

第二，不要反唇相讥。有人听不得半句"重话"，常连珠炮似的回击，引起唇枪舌剑，使良好的关系破裂。一般来说，开玩笑的人若是被严肃地反击，脸上常挂不住。我们没必要为玩笑话失去一个朋友，或是给人留下心胸狭隘的印象。

第三，保持泰然自若的风度，暂时把"揭短"抛置一边，寻找别的话题，或是转移别人的视线等，才是上策。

第四节　应变思维的暗示技巧

人们常说"话有三说，巧说为妙"。在生活中，并不是每句话都必须直说的，有时候以暗示代替直言，含蓄、巧妙地向对方发出某种信息，让对方自己去体会说话者的用意，也许会收到意想不到的效果。

> 南唐税收苛严，百姓不堪重负。很多大臣劝谏烈祖减轻赋税，都没有结果。当时逢京师又遇大旱，民不聊生。
> 一天，烈祖问群臣："外地都下了雨，为什么唯独京城不下？"
> 大臣申渐高一听，立即抓住这个机会进谏，但又不能直言，便诙谐地说："因为雨怕收税，所以不敢进京城。"

烈祖听出他话中暗含的意思，大笑一阵后，即颁发圣旨，减轻税收，让百姓休养生息。

指桑骂槐的讽刺

当我们遇到生气的事情时，最好不要直截了当地说出来，可以运用指桑骂槐、旁敲侧击的方式，把自己要表达的意思传递给对方。

有一个人经常跑到同村村民家中混饭吃，虽然村民对他十分反感，但碍于情面，不得不留他吃饭。

有一天，吃饭的时候，他又来到了村民老赵家里。老赵无奈，只好给他盛了一碗饭。他很快就吃完了，但看到老赵并没有为他再盛饭的意思，就强忍着心中的不快，把碗底翻过来，看了一会儿，赞道："这碗不错，还是景德镇的呢！"

老赵当然明白他的意思，但却不动声色地去把空饭锅拎了过来，说道："我家的锅品质更好，铝皮都是双料的，看见没有，皮有多厚啊！"

这个例子中，混饭吃的人先用了暗示的手法，借赞碗为名，以引起老赵的注意，以便让他为自己盛饭。而老赵也模仿他的手法，借赞锅的名义，讽刺他的"脸皮厚"。双方都没有把自己的意思明说，但都体会到了对方真正的意图。

郑板桥年少聪颖。他家乡有个财主十分霸道，人们在路上见到他都得叩头、让路。郑板桥要设法治一治财主。他和给财主喂驴的孩子商量好，每天背着财主，向驴鞠个躬就打一下驴，再鞠个躬又再打一下。后来，只要郑板桥向驴鞠躬，驴就惊跳起来。

> 一天，郑板桥见财主骑驴过来，冲着驴子就鞠躬，驴子乱蹦乱跳，把财主摔倒在地上，磕得鼻青脸肿。
>
> 过了几天，财主又骑驴出门，郑板桥连忙迎上去鞠躬，驴子又惊得乱蹦乱跳起来。财主急忙下驴，哭笑不得地说："郑板桥，你小小年纪就这样知礼，实在难得，以后就免了你的礼吧。"
>
> 郑板桥高兴地说："那我还得谢谢你这条蠢驴哩！"
>
> 财主忙说："不必！不必！"

郑板桥巧用暗示技巧，讥骂财主，痛快淋漓，令人忍俊不禁。

旁敲侧击的批评

很多时候，人们都会有意无意地犯一些小错误，直接批评会让对方很没面子，而且还会让对方产生逆反心理，反而起不到效果；如果运用暗示的方法，远比直接的申斥更有效，是批评的妙法。

> 几位老人反映晚上不安静，楼上的小青年不注意，老人在楼下睡不好。这属于两代人的生活习惯问题，如果把这个问题直接讲出来，就会使老人和青年人之间产生隔阂。

居委会人员和小青年闲谈时,讲了一则笑话进行暗示:

有个老头晚上很难入睡,恰好楼上住了一个经常上晚班的小伙子。小伙子每天下班回家,双脚一甩,鞋子"噔噔"两下,重重地落在地板上,每次都将很不容易才入睡的老头惊醒。老头提了意见,当晚小青年下班回来,习惯性地甩出了一只鞋,刚甩出第一只鞋之后,他意识到不应当,便轻轻地脱下了第二只鞋。第二天一早,老头埋怨小伙说:"你一次将两只鞋甩下,我还可以重新入睡,你留下一只没有甩,害得我等着你甩第二只鞋等了一夜。"

笑话说完,小伙子们悟出了笑话是有所指的,明白了自己的行为有些不妥当。

这里,工作人员用的是笑话暗示法。模糊语言也是语言技巧的一种,恰当地使用模糊语言,能使自己有一定的灵活性,力避被动,争取主动。

有个老师在上课的时候,看到有个女同学居然拿梳子梳头发。老师心里很不高兴,但他又知道在大庭广众之下公开批评这个同学会使得她难堪,于是他想出了一个巧妙的办法。

> 他用手指了指自己已经半秃的头发,说:"年轻的时候,我也像你们一样梳头发,结果现在我的头发就这样了……"

此言一出,梳头发的女同学再也不好意思梳下去了。

转弯抹角的陈述

在生活中,有的话说得太明了,会使人际关系受到损害,可是如果不说,对自己的未来仍旧很不利。此时,我们可以转弯抹角地、含蓄地把我们要说的话说出来。

> 有一对夫妻,有一双儿女,其中女儿大一些,已经四岁了,而儿子还小,仅有一岁。
>
> 家里的经济大权操纵在妻子的手里,妻子每个月都给自己的父母一千元钱,而给丈夫的父母却仅仅寄去五百元钱。对此,丈夫很不满意,但他为了维护家庭的良好气氛,一直忍着不说。
>
> 这天,又到了给父母寄钱的时候了,妻子仍是一如既往,丈夫觉得忍无可忍。恰巧这时候儿子哭了起来,妻子就让他去哄。
>
> 丈夫却走过去,抱起在一旁玩得好好的女儿,哄了起来。

妻子嚷道:"你干什么呢!儿子哭成那样,你怎么不去哄?"

丈夫答道:"那个是五百元的,还是你哄吧!我要哄这个一千元的。"

妻子立刻明白了丈夫的意思,从此以后,妻子对双方父母的都一样对待,不再搞偏向了。

丈夫就是运用暗示的技巧,转弯抹角地把自己要说的话表达了出来,陈述了自己的不满,达到了规劝妻子的目的。

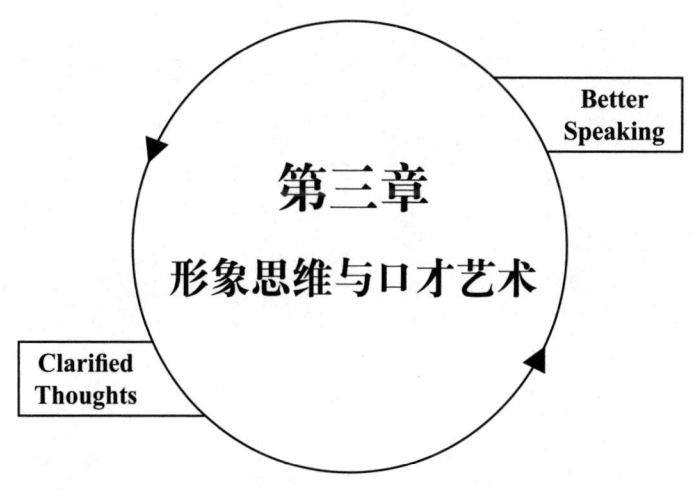

第三章
形象思维与口才艺术

第一节　幽默口才是形象思维的具体表现

夜间一产生恐惧的念头，一株灌木便一下子会变成一头熊。

——莎士比亚

所谓好的口才，就在于形象思维会为语言插上幽默的翅膀，使之能冲破语言的枯燥、抽象、凝重。如果拥有丰富的形象思维，语言将会极大地丰富，让人听来兴味盎然，幽默生动。

形象思维是口才幽默生动的基础

古往今来，幽默的思维最首要的一点就是突破常规的想象和联想，只要我们反应敏捷、善于想象和联想，勇于打破常规，幽默的基础就被我们牢牢地打下了。

讲话中，抽象思维起着十分重要的作用，但如果没有形象思维紧密配合，讲话的气氛就会显得过于凝重、理性化，缺乏活力和幽默感。在演讲中融入形象思维，可以调动自己及听众的感官，从而最大限度地感染听众，使自己的讲话给人留下深刻的印象。

（一）形象思维的含义

形象思维指的是运用形象作为思维形式的思维活动。法捷耶夫认为:"科学家用概念来思考,而艺术家即用形象来思考。这是什么意思呢?这就是说,艺术家传达现象的本质不是通过对该具体现象的抽象,而是通过对直接存在的具体展示和描绘。艺术家通过对现象本身的展示来揭示规律,通过对个别的展示来揭示一般,通过对局部的展示来揭示全体,从而在生活直接的现实中仿佛造成了生活的幻影。"这里谈的虽然是艺术家,但同样适用于口才。

(二)形象思维的特征

形象性是指讲话者在思维过程中离不开形象,是用形象进行思维加工的。美国争取黑人自由平等的不倦战士弗·道格拉斯在演说辞《论奴隶制度》这样写道:"在这种时刻,需要的是灼热的烙铁,而不是令人信服的论据。啊,假如我有那种能力,假如我能向这个国家进一言的话,今天我将要倾泻出急如湍流的辛辣嘲笑、无情指责,令人无地自容的讽刺和严厉的斥责。因为现在需要的不是光而是水,不是柔和的阵雨而是雷电。我们需要暴风骤雨和地动山摇!"这段话可谓排山倒海、雄浑壮阔,它是通过一系列具体的形象,如"烙铁""湍流""光""水""阵雨""雷电""暴风骤雨""地动山摇"等,把抽象的事物具体化,把深奥的道理浅显化,形象地表达出讲话者的思想感情,达到启发、影响听众的目的。

(三) 形象思维的表现形式

形象思维的表现形式主要有两种,第一是想象,第二是联想。

想象,是指以客观事物和已有的知识、经验、信息为依据,灵活运用多种思维方式,形象化地、创造性地构思出新的图景。爱因斯坦说过:"想象力比知识更重要,因为知识是有限的,而想象力概括着世界上的一切,推动着进步,并且是知识进化的源泉。"可以说,每一种假说都是想象力发挥作用的产物,任何事物的任何一次创新,都是借助想象力开始的。

联想,是指由某人或者某事而想起其他相关概念的思维过程和思维方法。联想实际上是对头脑中已有各种表象的一种重组,在思维中把割断了联系的,甚至是风马牛不相及的事物重新联系起来。如牛顿关于万有引力的理论发现就是联想的结果。苹果掉到自己头上后,他产生了联想:月亮为什么不会坠落到地球上呢?于是他把地球上的物体与太空中的星体在思维中联想到了一起,从而证明了万有引力定律。

想象和联想是一个广大的领域,它是人类文明的源泉、科技发展的动力、艺术创作的支架。人类依靠它才得以超越自己,得以前进。培养丰富的想象力和联想力,对于我们提高语言表达能力,练就一副好的口才具有十分重要的作用。

形象思维能力训练

训练一：小人想象法

小人想象法的做法如下：

(1) 冥想、呼吸使身心放松。

(2) 暗示训练者的身体逐渐变小，比米粒和沙子还小，变成了肉眼看不见的电子一般大小的小人，能进入任何地方。

(3) 让训练者想象自己走进合着的书的里面，看看书里面写的什么故事，画的什么样的画。

训练二："0"遐想法

把"0"作为A点，由此生发遐想，可得N个B：

B1："0"是一无所有，荒凉而神秘，但在开拓者眼中，它又是有待开垦的处女地；

B2：在数学中，"0"是一枚闪闪发光的宝石，没有质量，没有体积，只有位置——这就是0；

B3："0"是分界线，正负的交叉点，它标志着两个方向、两种结果，差之毫厘，就会谬以千里；

B4："0"犹如一个小生命，蕴藏着无限生机；

B5："0"就是人生新的起跑线，我们只有踏踏实实从头开始，才能到达辉煌的终点……

B6:"0"虽然可大可小,但绝非可有可无。在数学王国的三维空间里面,它极其活跃而又可以变化无穷,犹如一个充满生命活力的小精灵;

B7:在生活中,我们每个人都应该与"0"为友,时时牢记"千里之行,始于足下"。只有时时以"0"为新的起点,才能不断摆脱历史因袭的重负,才能在人生旅途上轻装前进。

口才的形象思维训练

1."皮格马利翁效应"训练方法

"皮格马利翁效应"是目前世界上训练想象力非常具有权威的一种方法。皮格马利翁是古希腊神话里的塞浦路斯国王,他喜爱雕塑。

他成功塑造了一个美女的雕像,爱不释手,每天都以深情的眼光观赏她。后来,他爱上了自己的雕像,并且真诚地期望自己的爱能被接受,这种真挚的爱情和真切的期望感动了爱神阿芙狄罗忒,于是他就给了雕像以生命,美女竟活了。

一个人希望自己成为什么样的人,也就有可能成为那样的人,这种现象就称为"皮格马利翁效应"。

做这种训练时,首先设想出一个完美的理想人物,然后设想自己时时刻刻在模仿这个榜样,以便在潜意识中对其留下深刻印象，逐渐改变自己日常的思维惯性。具体的训练方法为：

（1）想象一位完美人物的形象，他栩栩如生地站在你面前。说出他的面孔、发型、微笑的样子，他的身高、体态、举止，他讲话的速度、音质和手势，等等，讲得越详细越逼真越好。

（2）想象这位理想人物的品德和能力，说出他道德高尚、举止优雅、才能出众之处，以及具有所有你希望得到的品德和能力。

2. 口才形象思维训练题

题1：生命是什么？请用形象的语言来说明这个问题，以下是四个例子。

A. 生命如同烹调菜肴一样，菜肴的味道完全取决于调料的齐备和对火候的把握，你可以按照固定不变的食谱来烹调，也不妨由你自己自由发挥。

B. 生命如同一串散乱的念珠，随便你怎样串联组合，都能够变得五光十色。

C. 生命如同一只顽皮的卷毛狗，不断地在街道上寻寻觅觅。

D. 生命是一座你找不到出口的迷宫。

题2：结合现实情况，用形象化的口语描述一下你的公司，下面是几个人说出的答案，可用以参照。

A. 我们的公司如同一艘油轮，巨大而有力，只是它的运行速度太缓慢，而且航向一旦确定，就几乎难以改变。

B. 我们的公司就像巨人的身体：经理是决定政策的头脑，行政部门是内脏，购销部门是嘴巴，科技人员是骨骼，而研发部门则是生殖系统。

第二节　形象思维的口才运用技巧

想象力比知识更重要，因为知识是有限的，而想象力概括着世界上的一切，跟着进步，并且是知识进化的源泉。

——爱因斯坦

一个有良好口才的人，特别需要形象思维能力，需要想象力和联想能力。想象和联想来源于对生活不同角度的观察，建立想象和联想的根本在于多从不同的角度看待和表述事物，打破凝固的、一成不变的现实逻辑。

遵循假设规则

所有的游戏都要有一个规则。发挥想象力，也需要运用假设规则。说话时要始终遵守这个规则，即将听众引导到你所设定的虚构情景之中，使他们按照你的想象和联想的思路逐步接受你的语言。

在讲童话时，我们往往抽掉时间、空间这些具体的因素，"从前，在遥远的地方……""很久很久以前，在大森林里住着一个……"讲到这句话的时候，童话中的契约关系就建立起来了，它预示着这不是真的，只是童话而已。不过，口中说出的虽然是虚构的故事，但在讲时必须完全当真，要如同说真话一样。正因为如此，我们可以相信安徒生笔下变成癞蛤蟆的少女，变成天鹅的兄弟和变成女人的美人鱼等这些故事。也正因为如此，听者在听人讲述时，仿佛置身于其中，为主人公的悲喜而悲喜，为那些神奇美妙的世界而激动不已。

由此可见，遵循想象和联想的规则才能使你的表达既引人入胜，又不至于让人觉得远离现实、虚无缥缈。

打破时空限制

在现实中，每个人都生活在特定的时空范围内。而我们在给人讲故事或讲事情的时候，为了达到特定的效果，可以运用想象和联想，打破时空限制，过去、现在、将来，天上、地下、人间，在不同的时空维度间任意穿梭……从而令讲话引人入胜，让听众乐于听，乐于接受。许多善于讲故事的老人之所以能将故事讲得让人流连忘返、百听不厌，重要的一点就是他们善于将想象与联想运用到口头表达中。穿越时空的表述，能令人产生无尽的联想，不过需要说明的是，在讲到某一个特定的时间或空间时，必须先做声明，告诉听众你将要讲的是什么时间、什么地点，否则就会使听众感到混乱，难以理解。

从不同角度表述事物

想象和联想来源于对生活不同角度的观察,建立想象和联想的关键,在于多从不同的角度看待和表述事物,打破凝固的、一成不变的现实逻辑。

如果某人有一只大鼻子,你能从多少个角度去描绘它呢?

> 挑战的口气:"先生啊,我如果有这鼻子,非立刻割掉不可!"
>
> 友好的口气:"你喝酒的时候,它一定会浸在酒里,你得预备一只大杯子吧?"
>
> 描摹的口气:"这真是一块儿岩石!一座山峰!一个海角……岂止是海角,简直是一个半岛!"
>
> 好奇的口气:"这个大窟窿,有什么用处呀?当墨水缸用,还是当剪子套用?"
>
> 温雅的口气:"你竟这样爱小鸟,以至在脸上专为它们的小爪子预备了一个架子。"
>
> 粗俗的口气:"先生啊,你抽烟的时候,烟从那里冒出来,邻居不会惊叫烟囱失火吗?"
>
> 警告的口气:"小心啊!你头部的重心在前面,一定要向前扑倒了!"

讨好的口气:"你弄一把小洋伞给它吧,不要把它的颜色晒焦了!"

学究的口气:"先生啊!只有叫作四不像的怪兽,才会在鼻梁处有那么多肉。"

放肆的口气:"怎么,朋友啊,这种钩子很时髦,挂挂帽子倒很合适呢!"

悲剧家的口气:"它流起鼻血来简直就是红海!"

羡慕的口气:"对卖香水的人来说,这是多么好的一块招牌!"

抒情诗人的口气:"是海螺吗,还是吹海螺的海神?"

天真的口气:"这个纪念塔什么时候我可以上去参观呢?"

恭敬的口气:"请允许我向你致敬,像你这样的门第,才称得起是高楼大厦!"

乡民的口气:"喂!看啊!这是鼻子吗?不是!是一个大萝卜,要不就是一个西瓜!"

实用的口气:"把它放在摇彩的奖品中,一定算得一个头号奖了。"

末了,还可以说:"啊!这件东西,破坏了主人五官的和谐,它不羞得脸红吗?"

这是罗斯丹在他创作的话剧《西哈诺》中的一段台词，诗人、剑客、大鼻子情圣西哈诺对相同的鼻子，有不同的想象和联想，他们中的任何两个人的描绘都不相同。我相信所有人看完这段话后都会觉得眼花缭乱，作者的想象和联想竟如此丰富，只一个鼻子，就可从那么多角度去描绘，让人听来难以忘记，拍案叫绝。

第三节　巧用形象思维提高幽默口才

　　幽默的故事，一定要有其观点，对人有所启示，幽默就像蛋糕表面的糖霜，它只是蛋糕层与层之间的巧克力，而不是蛋糕本身。

——卡耐基《语言的突破》

　　幽默的话，能抓住听者的心，也可以使一些深刻的思想表达得更生动、更形象。这种幽默技巧里饱含着说话者的智慧，也展现了言者较强的想象、联想能力。通过言者的敏锐观察和丰富的想象力，使听者既有刺痛之感，却又找不到痕迹。

似答非答，巧作模拟

　　通常回答别人的提问时，正面的简单回答极易落入俗套，难以招架提问者的"刁难"。聪明的回答者会漫不经心地似答非答，接着开动大脑的形象思维，使出巧妙的招数，占据主动，最后让对方折服。

> 　　著名作家刘绍棠在一次作报告时，有人递上一张纸条，上面写着："为什么有的领导者连'现代派'和'存在主义'都要抵制，怕得不得了呢？"刘绍棠看后，忽地一下站起来问道：

> "你们说我身体好不好？"
>
> 他红光满面，体魄健壮，大家异口同声说他身体"棒！"
>
> 这时，他再问道："那么你们说，我为什么不能吞苍蝇呢？"

刘绍棠的这番演说博得全场一片掌声。坦率地说，刘绍棠所面临的场面是令人不快的，也是不易应付的。如果从正面论述抵制西方错误思潮的意义，未必会使写条子的人心服，而他却是提出一个问题进行反问，把自己的观点寓于形象的模拟之中，获得了十分理想的效果，博得了全场听众的掌声。

因势利导，巧妙回击

在一些论争场合里，应该时刻注意周围群众的情绪，尽量运用形象思维来调动群众支持自己的观点，巧妙、形象地使出"因势利导，巧妙回击"的招数，寻找突破口，借助群众的力量，给对手精神重压，使对方没有回击之力。

> 英国大文豪萧伯纳的剧本《武器与人》首次公演即获得巨大成功。观众们要求萧伯纳上台接受群众的祝贺。当萧伯纳走上舞台，准备向观众致意的时候，突然有人对他大声喊叫道：萧伯纳，你的剧本糟透了，谁要看？收回去，停演吧！"

观众们都以为萧伯纳会气得发抖。哪里知道，萧伯纳非但不生气，还笑容满面地向那个人深深地鞠了一躬，很有礼貌地说："我的朋友，你说得很好，我完全同意你的看法。"

说着，他转向台下的观众说："遗憾的是，你我两个人反对这么多观众能起到什么作用呢？你我能禁止这个剧本演出吗？"

萧伯纳的话音刚落，全场就响起了快乐的笑声，紧接着是观众对萧伯纳暴风骤雨般的掌声。那个挑衅者只好灰溜溜地逃出了剧场。

这就是对形象思维的"从不同角度表述事物"的运用，面对挑衅者的污蔑，萧伯纳要是一味退让，未免有失面子；若是与之争执，非但无济于事，还会在观众心中留下孤芳自赏、自命不凡的坏印象。萧伯纳此时充分发挥了想象和联想，以观众为角度，运用幽默的口吻表述出"只有你我反对是没有意义的"，最后，凭借观众的支持和信任，把挑衅者推向群众的对立面，使其狼狈而逃。

装傻充愣，出奇制胜

装傻充愣是答非所问的一种，即回答别人的问题时，利用语言的歧义性和模糊性，充分发挥想象和联想，故意错解对方的意思，问东答西。这种方式在回答对方的问题时，往往会出奇制胜，产生特别的幽默感。

> 牛津大学有一位叫作艾尔弗雷特的年轻人，有次在同学面前朗诵了一首新诗。同学查尔斯说："艾尔弗雷特的诗我很感兴趣，不过，我好像在哪本书中见过。"艾尔弗雷特很恼火，要求查尔斯道歉。
>
> 查尔斯说："我说的话，很少收回。不过这一次，我承认我是错了。我本来以为艾尔弗雷特是从我读的那本书上偷来的，但我到房里翻开那本书一看，发现那首诗仍然在那里。对不起！"

诗被抄袭，发表的原印刷物当然还在，而查尔斯把诗稿的抄袭联想到了偷东西，以此来说明抄袭一事，从而既创造了妙趣横生的笑话，又对抄袭者进行了辛辣挖苦，真可谓是发挥了出奇制胜的联想。

绵里藏针，外柔内刚

幽默来自广闻博见的知识联想和对生活的深刻体验与观察。幽默话语作为语言艺术，形成的基础和条件是要有较高的观察力和想象力。绵里藏针、外柔内刚的幽默之法，就是通过言者的敏锐观察和丰富的想象力，使听者既有刺痛之感，却又找不到痕迹。

> 前英国首相丘吉尔便是一位能言善辩、风趣幽默的政治家。
> 一位女议员对丘吉尔说："如果，我是你妻子的话，我会在咖啡里放毒药。"
> 而丘吉尔答道："如果你是我的妻子，我会喝掉它。"
> 另一次，在丘吉尔脱离保守党，加入自由党时，一位媚态十足的年轻妇人对他说道："丘吉尔先生，你有两点我不喜欢。"
> "哪两点？"
> "你执行的新政策和你嘴上的胡须。"
> "哎呀，真的，夫人。"丘吉尔彬彬有礼地回答道："请不要在意，您没有机会接触到其中任何一点。"

在这里，丘吉尔就是利用他敏锐的观察力和丰富的想象力，巧妙地运用绵里藏针的幽默之法摆脱了尴尬的场面。尽管其外在形式是温和的，但这种温和之中蕴涵着批判。又如：

> 有一次，有位外交官偶然看到美国前总统林肯在擦自己的靴子，他问："总统先生，你经常自己给自己擦靴子吗？"

这句话显然是带有讽刺的口吻,作为外交官,这种口吻就会使听话者难堪。

林肯却不动声色地回答道:"是啊,你经常是给谁擦靴子呢?"

这句话回答得太巧妙了!不但表明了自己的人格尊严,而且还给对方一记反击。这种绵里藏针的方法,表面上相当温和,可实际带有批评、反击的意思。

言此意彼,声东击西

言此意彼,声东击西,从字面的意思来理解,就是目标向东,而事先向西,欲要前进,先要后退的意思。有些场合,利用"声东击西"的技巧,把相同的意思用不同的语言来表达出来,言此而意彼,会收到更好的效果。这种幽默技巧里包含着说话者的智慧,也展现了言者较强的联想能力。

从前有一个财主,骑着一匹高头大马,到野外游玩。在回来的路上迷失了方向,他左看看,右看看,突然看见前方有一个农民在田里干活,便骑马走到农民跟前,大声问道:"老头子,你知道往二府庄的道路怎么走吗?"

> 农民见财主不仅不下马，而且说话还十分无礼，就说道："对不起，老爷，我没有时间和你说话，因为我们家的马刚刚哞哞地叫，生下了一头小牛，我得赶着回家去看看。"
>
> 财主一听，哈哈大笑，说道："笑话，真是笑话，马怎么会生下牛，而且还哞哞地叫？"
>
> "老爷，我也不明白，这畜生怎么不下马，而且还哞哞地叫？"农民说道。

从这个故事中，我们足以见到这位农民的聪明才智，和丰富的联想、想象的能力。农民的话表面上看是在说马下牛的事，实际上是采用了"声东击西"的手法，笑骂财主的无礼，财主乍一听没有察觉，可细细回味才发觉吃了哑巴亏，但有气也只能往肚子里面咽了。又如：

> 一位画家在一个风景优美的乡村写生，恰巧这时一个农夫从他身旁经过，农夫看见了他的画，便走了过来，对画家说："尊敬的先生，你能送我一幅你的画吗？你的画将永世长存。"
>
> 画家听了非常高兴："可以，只是我不明白，你要我的画是为了收藏吗？"
>
> 农夫答道："不是，尊敬的先生，我有一个儿子，非常想

> 成为画家,我决定把这幅画送给他。我想他看了你的画,就不会再想成为画家了。"

农夫一开始的话给画家一个欣赏他的画的感觉,可最后农夫话题一转,却和原意恰恰相反,真正地达到了"声东击西"的幽默效果。

庄话谐说,缓解紧张

在一些特定的场合,对方有关严肃话题的提问往往顷刻间使众人把注意力聚集在我方身上,给我方造成较大的心理压力。若故意做出有违常规的回答,将严肃转为幽默与诙谐,就能在笑声中避开回答可能造成的尴尬。幽默的话,能抓住听者的心,也可以使一些深刻的思想表达得更生动、更形象。

> 有一次,周恩来总理在北京召开记者招待会。他介绍了中国的经济建设情况和对外方针后,谦和地请记者们提出问题。一位西方记者站起来说:
> "请问总理先生,中国人民银行有多少资金?"
> 面对西方记者的提问,周总理当然听出其弦外之音。但他从容自若,面无一丝愠色,用幽默而又轻松的语调答道:

"这个问题嘛,有十八元八角八分。"

说到这里,周恩来总理故意停了下来,环视大家。场内鸦雀无声,记者们为之愕然,面面相觑。稍许,周总理才解释道:"中国人民银行发行面额十元、五元、二元、一元、五角、二角、一角、五分、二分、一分的十种主辅货币,合计为十八元八角八分。中国人民银行是中国人民当家做主的金融机构,有全国人民做后盾。信誉卓著,实力雄厚。它所发行的货币是世界上最有信誉的一种。"

周恩来总理话音未落,全场就响起了热烈的掌声。

周恩来总理的回答充满了自信,而且还成功地综合运用了有声语言、身体语言,以幽默的语言形式、深刻的思想内涵巧妙地回答了外国记者的提问,其多种表达方式的圆熟运用令众人折服。

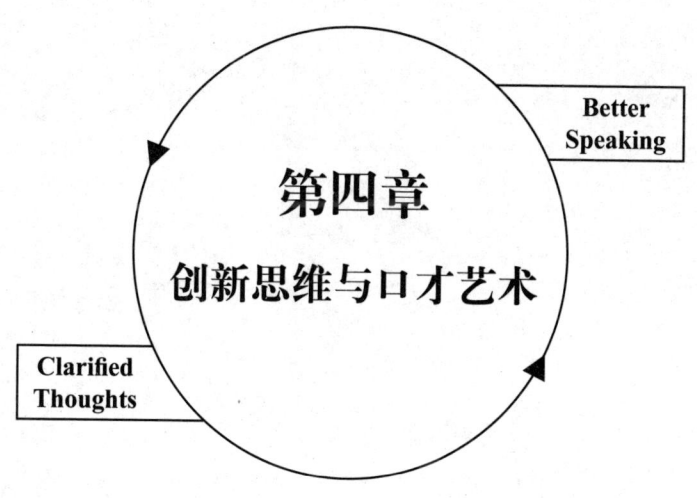

第四章

创新思维与口才艺术

第一节　创意口才的新颖取决于创新思维

事实上，人总是被自己的思想与形象这些无形的东西所支配。

——约翰·洛克

创新思维造就美妙的创意口才

（一）创新思维理论概述

创新思维是在已有经验以及新获取信息的基础上，通过思维的敏捷转换和灵活选择，突破和重新建构已有的知识、经验和新获取的信息，进一步提出具有独特见解的思维过程。

1. 创新思维

创新思维是创新活动的核心，是人类思维的高级发展阶段，是一种探索新关系，实现新价值的思维。创新思维有以下几方面的特点：

其一是求异性。创新思维以怀疑、改变已有思维成果或探索新成果为前提，其思维方式、角度、深度与前人不同，总是求异求新的。人们在认识事物的过程中，更多关注事物的不同性和特殊性，求异倾向很明显。求异是在与已认识事物的对比中进行的，离不开求同，同中求异、异中求同，是创新思维的精华所在。

其二是多维性。创新思维是多种思维方式的结合体，是复合思维（集中思维、收敛思维）与发散思维的结合、顺向思维与逆向思维的结合、直觉思维与逻辑思维的结合，也是意识活动和潜意识活动的结合。正如钱学森指出的，"实际上人的每一个思维活动过程都不会是单纯一种思维作用，往往是两种，甚至三种先后交错在作用"。

其三是丰富性。创新思维涉及的材料非常丰富，再由丰富的材料串联组合，找出新关系。各种思维活动丰富，直觉思维获得理性力量的渗透，往往是创新的起点。

创新思维的过程可分为四个阶段：第一，准备阶段：收集有关信息，分析问题和数据，进行一些思考和实践，把问题不断缩小，使人一看就可以认识到问题的关键和意义之所在。第二，酝酿阶段：围绕问题逐步确立创新目标。第三，明朗阶段：问题和方案明确化，开展创新实践活动，直觉和灵感、顿悟起重要作用。第四，验证阶段：用逻辑检验直觉结果的正确性，逐步形成精确的结论或新的产品。

2. 创新能力

创新能力是指发现新问题、提出新方法、建立新理论、发明新技术的能力。创新能力包括创新智慧，即敏锐的感知能力、持久的注意力、较强的记忆力、丰富的创新想象能力以及基于发散性思维和批判性思维的创新思维能力。创新实践能力即创新的学习能力、信息加工能力、一般工作能力、动手操作能力、熟练掌握和运用创新技法的能力以及成果的表现或表达能力等，其中创新思维能力和解决问题的实践能力是创新能力的核心。创新能力的重点在于创新思维能力，而创新能力的最终表现则是把创新的思维、创新的思想转化为解决问题的实践能力，表现在创新的物化成果上。因此，创新能力的培养重在培养创新思维能力、动手操作和实践活动能力及最终解决问题的能力。

对讲话者来说，如何卓有成效地进一步培养这种智力，开发创新能力以适应时代的需要，是一件非常有意义的事情。但是，讲话者的现代生活在某种意义上是一种被动的生活，手机、计算机的各种声音、画面不但充斥着人们的生活空间，而且还挤占了许多人际沟通的时间，从而使得对于培养创新思维能力极为重要的发散、想象空间几被挤占一空，并由此使语言能力、抽象思维能力、掌握符号体系的能力降低，缺乏了思维的想象力和创造力。

让大脑"动起来"，是培养锻炼思维能力的根本途径之一，只有如此，才能使讲话者的注意力、观察力、想象力和思维的操作能力得到综合开发和利用。那么，如何使大脑"动起来"？创新思维训练提供了必要的思维手段和方法。这种思维手段就是指它的工具性。对于这种思维工具，我们完全可以在思维实践和通过做思维练习题，来提高运用创新思维方法的技巧和技能。因此，强调创新思维方法的技巧和技能的训练，是提高创新思维能力的手段之一。

通过针对大脑某一机能所特意制作出来的思维强化训练,我们完全可以养成淡化思维定式的习惯,在提高综合思维能力、激发问题意识与目的意识、超越线性思维、丰富知识结构的过程中,回归人的开拓性、创造性。

古人云:"击石不断,火头始出;功夫不断,悟头始出。"创新思维训练,不仅是一个爽心益趣的思维娱乐活动,它更是一个启迪益智的开发思维创新能力的活动。它的价值就在于通过这种有意识的训练,发掘我们的创新感觉、培养创新意识、锻造创新能力、发展创新精神,从而在生活、学习、工作中,从容应对需要解决的各种问题,并由此而发现、发展着人的综合创新素质。

(二)创意语言的魅力源自创新思维

语言会显示出我们头脑中关于目的和手段的潜在的思维框架。美妙的创意语言并不是靠语法规则或某些修辞手段的固定模式创造出来的,它来自言谈者的语言修养、灵感和创新思维。它必须能恰如其分地诉诸听众的社会意识、审美情趣、生活要求和个人性格。一些优秀的创意语言,或妙语连珠、怡人耳目;或一语惊人,振聋发聩;或精炼含蓄,发人深思。对于讲话者来说,语言若能充满新意,能十分有效地增加个人魅力。

宋代大文人苏东坡被贬谪到海南岛时,应一个做油馓子的老婆婆之邀,写过一首诗:"纤手搓来玉色匀,碧油煎出嫩黄深。夜来春睡知轻重？压扁佳人缠臂金。"这首诗运用形象的比喻写出了馓子色鲜、酥脆的特点，人们听后馋涎欲滴、争相购买，从而使老婆婆生意大增。然而，到了广告业极度发达的今天，我们有许多广告文字写得陈旧枯燥、味同嚼蜡。久而久之，顾客视而不见，产品无人问津。事实证明，语言的生动和巧妙都会给人留下深刻印象，从而有利于树立商品形象，传播商品信息，促进销售。

创意文字是广告传播最常用的手段之一，只有在广告用语上精心研究，使之独具特色，富有魅力，方能引人关注，激发购买欲。

创新思维能力训练

训练一：消除惯性，使大脑思维"柔软"

在现实生活中，人们总是在一定的语境中用自然语言来交流思想的，每当人们说出一句断定、询问、请求、应允等的话语时，他总要先做出关于语境的某种假设，并且这种假设是隐含在沟通话语中的、被沟通交际双方共同相信并接受的事实或判断。只有在这样的基础上，人与人之间的沟通才成为可能。这种关于语境的某种假设就是预设，它有一个非常重要的逻辑性质，就是一个语句的成立必须建立在它的预设有所指（即预设表示的事物存在）的基础上。

不过，预设对于思维的发散和创新有着很大的影响，人们有时会以"非常相信"的态度，接受预设的存在，从而在无形中形成不可改变的意识。这样自然就容易落入"思维陷阱"。

题1：某机关精简机构，计划减员25%，撤销三个机构。这三个机构的人数正好占全机关的25%。计划实施后，上述三个机关被撤销，全机关实际减员15%。在此过程中，机关内部人员有所调动，但全机关只有减员，没有增员。

问：如果上述断定为真，以下哪项一定为真？

Ⅰ：上述计划实施后，有的机构调入新成员。

Ⅱ：上述计划实施后，没有一个机构，调入的新成员的总数，超出机关原总人数的10%。

Ⅲ：上述计划实施后，被撤销机构中的留任人员，不超过机关原总人数的10%。

A. 只有Ⅰ。

B. 只有Ⅱ。

C. 只有Ⅲ。

D. 只有Ⅰ和Ⅱ。

E. Ⅰ、Ⅱ和Ⅲ。

小提示：

本题的思维陷阱就在于，将"计划减员25%"与"撤销三个机构"固定联系起来，认为所"计划减员"的人都在被撤销的三个机构中。此时,只要我们"柔软"一下这种僵硬的思考方法,就可以消除思维的惯性,使已有的知识进入新的问题情景中,从而锻炼思维随机应变的分析力和判断力。

训练与分析:

Ⅰ:被撤销的三个机构的人数占全机关的25%,实际减员15%,说明被撤销的三个机构中,至少有占全机关人数的10%的成员需要重新安排,即调入被保留机构中。因此一定真。

Ⅱ:不一定真。因为题干所说的人员调动,不一定局限于被撤销机构的人员调入被保留机构,也可能包括被保留机构人员的互相调动。因此,调入被保留机构的人可能超出了10%。

Ⅲ:不一定真。因为完全可能被撤销的三个机构的人员全部留任,而被保留机构的成员被减员。

由于不能将减员的人都算在被撤销机构中,所以,正确选项是A。

妨碍大脑思维进行创新思维活动的另外一个主要障碍,就是过分依赖过去的知识和经验。这种过分的依赖,会造成仅用一种思路思考问题的习惯。虽然这种习惯或许在生活实践中有一定的成效,但久而久之,有可能会造成特定的思维定式,养成特定的心理定式,使大脑思维僵化。因此,在创新思维活动过程中,打破思维心理的定式,使大脑思维"柔软",是必不可少的重要一环。

有时，只要对问题改变一下设想，调整一下进入角度，解决问题的思路就会不期而至。

题2：有100块蛋糕，要求分放在12个盘子里，并且每个盘子里的数字中必须有一个"3"。问：如何分放？

训练与分析：题中的迷惑之处在于，当我们看到"每个盘子里的数字中必须有一个'3'"时，脑海中所闪现的立刻是3、13、23……于是注意力很容易集中在这些数字的个位数上。但是当我们在保证个位数有"3"的各种分配都不能满足要求时，就应该注意到12个"3"相加的结果，其个位数是"6"，而不是"0"。这时我们就必须要使注意力适时转移，开始考虑十位数了。既然十位数也可以是"3"，而个位数可以是任何数，那么应该会有一个顿悟：先在11个盘子中各放3块蛋糕，为33块，余下的67块蛋糕中再拿出37块蛋糕来放在第12个盘子中，剩下的30块蛋糕就好分配了。

参考答案：

在第1、第2、第3个盘子中分别各放13块蛋糕，第4至第11个盘子中各放3块蛋糕，在第12个盘子中放余下的37块蛋糕。

训练二：跳出顺序陷阱

一般来讲，大脑思维更习惯于一种思维的有序性。但这种有序性的思维方法是有局限的，它常常会使人们落在"顺序陷阱"

中。因此,为了使思维更趋于灵活、全面,就必须打破这种顺序性的限制,针对事物的不同情况,多向发散,及时、灵活地改变对事物结构、顺序的认识,以一种崭新的非顺序性的体验,不同问题,不同对待。

训练题:

在超市购物后,张林把7件商品放在超市的传送带上,(1)肉松后面紧跟着蛋糕,(2)酸奶后面接着放的是饼干,(3)可口可乐汽水紧跟在水果汁后面,(4)方便面后面紧跟着酸奶,(5)肉松和饼干之间有两件商品,(6)方便面和水果汁之间也有两件商品,(7)最后放上去的是一只蛋糕。

如果上述陈述为真,那么以下哪项也为真?

Ⅰ:水果汁在倒数第三个位置上。

Ⅱ:酸奶放在第二。

Ⅲ:可口可乐汽水放在中间。

A. 只有Ⅰ。

B. 只有Ⅱ。

C. 只有Ⅰ和Ⅱ。

D. 只有Ⅰ和Ⅲ。

E. Ⅰ、Ⅱ和Ⅲ都不对。

小提示:

很多问题的题干如本题一样,提出解题的几个条件。但在解题过程中,切不可按这些条件的顺序分析问题,否则就会掉入"顺序陷阱"中。

训练与分析:

如果按照题干所提的 7 个条件的有序性,我们从条件(1)(2)(3)……的顺序进行排序,虽然也能推出结果,但这与考试的时间要求相差甚远。因此,我们必须跳出这种"顺序陷阱",从简单依赖于线性思维的顺序性、有条不紊性,转变到立体思维的非顺序性中,按照需要打乱问题情景中的条件顺序,根据问题的结构特征梳理思维头绪,从而使思维既能够进行无拘无束的自由跳跃,又具有言之成理、言之有据的逻辑性。

如何改变顺序结构,按需要变有序为无序,从而发现最有利于排序的条件,并以此为突破口,寻找一种新的认知方法?这就需要灵感发挥作用了。

经查找,最后一个条件显然能够充当突破口。那就先确定它,然后依次查找相关项。思维进程的连续性就不会被打断了。

按(7):( )( )( )( )( )( ) 蛋糕

按(1):( )( )( )( )( ) 肉松　蛋糕

按(5):( )( ) 饼干 ( )( ) 肉松　蛋糕

按(2):( ) 酸奶　饼干 ( )( ) 肉松　蛋糕

按(4):方便面　酸奶　饼干 ( )( ) 肉松　蛋糕

按(6):方便面　酸奶　饼干　水果汁 ( ) 肉松　蛋糕

按（3）：方便面　酸奶　饼干　水果汁　可乐　肉松　蛋糕

因此，正确选项就是 B。

训练三：思维飞跃力的训练

所谓"思维飞跃力"是指，大脑思维冲破固有知识、经验的束缚，不以常规思维思考问题，而是改变视点，转换思路，从意想不到的地方入手，使大脑思维能力产生一个质的飞跃，提出虽在意料之外，却又在情理之中的、具有新颖独特的认识和见解的能力。

我们平日的学习，很大程度上是被动地学习、接受、积累知识与经验，这些知识与经验对于人们解决实际问题固然十分重要，但它们也容易以一种预先准备的心理状态，形成一种"话题预设"，从而以认知的固定倾向，决定了人们解决问题的常规思路与程序。这种常规的思路与程序，就是常规思维定式。

常规思维定式作为一种预先准备的心理状态，可以是短暂的，表现为刚完成的一个活动对其后进行的活动的一种顺序性、倾向性的影响；也可以是持久的，表现为一个人完整的个性倾向。认识事物，解决问题的定式效应，就是在问题空间中沿着已经准备好的探寻思路展开。

这种预设的思路有时有助于问题的顺利解决，但有时却会因为无法摆脱既有知识、经验的框架，成为阻碍解决问题的"思维嵌塞"了。尤其是在创造性地解决问题时,它总是以一种习惯的思路审视、分析、认知事物,难以从"循规蹈矩"中"异想天开",从而限制了人们创新能力发展的潜力和空间。

但是,"异想天开"却是创新思维的一种重要质量和特征。它是思维活泼跃动的一个先决条件。它使既有的知识、经验在创造性解决问题的过程中流动起来,使它们进入全新的思维进程,发挥全新的作用,以此得到更有意义的收获,从而促进丰富的想象力和活跃的创造力。因此,"异想天开"只是对"循规蹈矩"的常规思维定式的反动,是对思维僵化呆板的突破,而不是毫无逻辑根据的"胡思乱想"。

如"伯纳姆三问法"就是要求突破常规思维,以各种思维模式的综合效应,对任何问题都要向自己提出三个基本问题:第一,能否取消?第二,能否合并?第三,能否用更简单的东西来取代?

另外,还可以借助核检一览表法的思路。核检一览表法又称检查提问法、设想提示法等。它是根据需要解决的问题,列出提纲式的表格或列出有关的事项,然后一个一个地进行核对讨论,以期从中获得解决问题的方案或提出创新设想。其原理也是为了打破人们头脑中固有的框框。它预先将问题做成一览表,并借助这个一览表对问题进行不同的思考,刺激人们的思维能力,跳出固有观念的窠臼,引发出创新设想来。核检一览表法有许多形式,其中最为著名的是由美国心理学家奥斯本所创造的。其主要特点如下：

（1）除此之外，再无其他可行的思路吗？对现在这样的思考方法稍加变化会怎么样？

（2）与此相似的东西是什么？它们中有没有能借鉴、参考的想法？能模仿其他东西的念头是什么？

（3）能否进行改变？如改变颜色、音调、形状、状态、顺序、结构后将会怎么样？

（4）如果增加、如果减少、如果……后将会怎么样？再大一些，再小一些，再厚一些，再薄一些，再粗一些，再细一些，再轻一些，再重一些，再简洁一些，再凝缩一些……又将会怎么样？

按上述的这两种方法，在本思维训练中，要注意摆脱常规思维定式所造成的习惯思维的束缚，要想方设法使既有的知识、经验进入新的问题情景中，以使思维自由地统观全局，设法发现问题与情况的相互联系及问题的形式与目的的内在联系，尽可能多地发散出"无视"现实的、自由奔放的灵感数目。在这个过程中，应很好地利用核检一览表法，根据问题的结构、情景进一步设想：再大一些怎么样？再小一些怎么样？如再厚一些，再薄一些；如改立体为平面，改平面为立体；如颠倒一下，翻里为面；如摆脱这个条件或增加这个条件……又将会怎么样？这样思考后，思维的飞跃力也许就会从中产生。

国外曾经进行过一个动物实验：把一只鸡放在一道栅栏一侧，

另一侧则放上鸡食。尽管绕过栅栏即可以吃上鸡食，但这只鸡除了咯咯咯地一边叫，一边盯着鸡食盆干瞪眼外，再无其他办法。鸡不能突破本能的障碍，但人却可以突破思维的障碍。只要假以时日，经过有目的的训练之后，偶尔为之的"异想天开"，可以经过一个由量变到质变的过程，在一个新的思维能力高度上稳定地形成具有创新根基的"标新立异"。增强思维飞跃力训练的意义也在于此。

在创新世界中，发现永远比存在更重要。在创新思维活动中，做个"疯子"远比做个"呆子"强。

训练题：

如图所示，有九个圆点。

● ● ●
● ● ●
● ● ●

问：你能用四条直线一笔将这九个圆点连接起来吗？

训练与分析：

九点问题是一个很著名的思维训练题。它之所以著名，就在于它非常形象地表明了常规思维定式的框架。

人们在认识、知觉图形的过程中，都有一种"组织性""完形性"的习惯倾向，形成一种"格式塔心理"：结构不是其组成部分的简单相加，其组成部分的性质是由内部系统性整体结构决定的。

这种心理往往对事物的认识产生一种完形的"格式塔"形象认定，从而在接受知觉思维素材时，以所感受到的有关该事物的整体形象为出发点。

亦即：如果有四个点，就将其联想为四边形。如果有三个点，脑海里就浮现出一个三角形。

● ● ●
● ● ●

而看到本题的九个点时，也就很容易将其认定为是一个正方形了。这种不知不觉中形成的"完形"的知觉倾向，以常规思维定式的习惯趋势，非常自然地认定了平面内的这九个点在空间上有一个"边界"。因此也只能在这九个点所组成的正方形"边界"内解决问题，从而以常规的正向思维形式，得出"无解"的结论。

一般来讲，在解决问题时的心理状态上，容易接受常规的正向思维，例如"凡是下雨的地方，地上都会湿"。但若问"当没有下雨时，地上将可能怎么样"时，这种单行道式的思维模式，就容易让人故步自封，难以进入多向或反向思维的路线。

因此，虽然常规的正向思维较为容易，但当用常规思路无法解决本题时，突破这种由"完形"心理所构建的"边界"思维框架，向"从来不想"的地方试探一下，则可能带来意想不到的发现。当我们将视线延长至这个"边界"以外的空间中，想象所画的直线能否再长点？只要直线随着拓宽的思路，突破了这九个点的虚拟"边界",就会发现平面内的这九个点在空间上本来就没有什么"边界"。正解也就出来了。

参考答案:

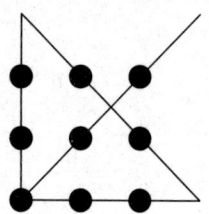

古人云:"授人以鱼,只供一饭之需;教人以渔,则终生受用无穷。"这充分说明了掌握方法的重要性,掌握现代思维方式也不例外。生活在现代社会中的人,无疑时刻都在受到现代社会的客观存在和精神文化的潜移默化的影响,在思想观念和思维方式上带上时代的气息。但是光靠外界环境的造就,毕竟还是不够的,为了更可靠、更迅速地养成现代思维方式,就需要进行经常性的自觉的思维训练和培养。

总之,虽然创新并不神秘,也并不是高不可攀,任何一个人只要认真去做,便都能有所创新;但是,要不断突破常规,创造一件前所未有的东西,发现或产生某种新颖、独特或有价值的新事物和新思想,却也并非易事。因为,创新有其内在规律和特定要求。就创新者而言,除受教育程度、知识结构、积累的经验和社会经历等基本因素外,还应有在艰难险阻中的勇气、毅力、决心、信心和意志，应有综合运用各方面知识、经验的能力，对事物想象、判断的能力，运用科学理论和方法把设想变为现实的能力等。在此基础上，才能深刻地把握、运用创新的内在规律，在广阔无垠的生活天地间，在浩瀚无边的知识和信息海洋中，从容应对挑战，抓住机遇，梦想成真。

第二节　创新思维的口才运用技巧

　　一切典型永远可以推陈出新,过去如此,将来也如此。而且真正天才的标识,他的独一无二的光荣,世代相传的义务,就在于脱出惯例与传统的窠臼,另辟蹊径。

——丹纳

　　创意口才并不是天生的,而是不断训练及培养的结果,也是岁月累积的成就。毋庸置疑,思维是口才的基础,口才是思维的表达,没有创新思维的人,是无从谈起"创意口才"的。法国著名文学家罗曼·罗兰说:"创意是历史永远有效的契机。"在口才领域里,同样如此,创意是一个人言谈深受众人欢迎的重要基础。为何口才需要有新意?一方面是为了所说的信息有价值,不同于流俗;另一方面是为了所说的话有魅力。

　　那么,在日常交流中,我们如何才能形成创意口才呢?言语交锋碰撞出的火花是酿造新思想、打破思维惯性的原动力,是形成创意的摇篮。面对外界的千变万化,若不想说些陈词滥调,讲话者首要的任务就是使自己从单一思维模式里挣脱出来,使用多种思维方法,调动多种感官来面对一切,善于质疑、提出问题,而不是轻易地相信事物的表面现象或别人得出的结论。

　　下面来介绍一下创意口才在现实生活中与人交流时的一些运

用技巧，助你产生一些灵感，让自己的语言别出心裁，充满迷人的魅力。

大胆假设，摆脱时空束缚

在与人谈话中，我们会受到外界的很多因素制约，不可能漫无边际地交流，如客观环境、教育背景、生理状况等等，都在制约着我们的思维方式和创造力。因此，在谈话中就需要不断地打破这些制约，增强头脑的超越性，摆脱具体时空的束缚。最好的办法就是向自己提出一系列的"假如"，然后试着回答它们。这些超越现实的想法，听起来很荒谬，但却往往是孕育创意口才的温床。

> 就如电影的发明者法国卢米埃尔兄弟，他们曾经是摄影爱好者，在发明电影的过程中，向当时国家组织的摄影家团体申请资金，造成别人的质问和耻笑时，就巧妙地运用了"假如"技巧，巧妙地化解了尴尬并说服了他人。
>
> 当时有人质问他们："你们究竟想做什么？"
>
> 卢米埃尔兄弟回答道："假如胶片会动的话，我是说假如胶片能动，连续不断地形成一段图像的话，那会对我们很有好处。"

> 那人不以为然地说:"仅仅只是假如吗?如果不成功呢?"
>
> 卢米埃尔兄弟回答道:"假如第一个类人猿不敢设想它能站起来走路的话,那么我们人类今天还会趴在地上。"

卢米埃尔兄弟用以反驳对方的话成为电影史上的名言。他们很好地利用了"假如视角",去说服顽固不化的对手。其实,不论是伟大的发明家,还是成功的演说家,其高明之处往往在于能发现新的改进生活的方法,哪怕这些方法仅仅只是个设想,是"假如……",但恰恰就是这成为创造性的来源。同样,如果我们在面对新事物或新观点的时候,大胆假设,摆脱时空束缚,更多地使用"假如视角",去观察它们,评价它们,就会培养出创造性的口才。

不人云亦云,善说"未必"

勇于质疑,不人云亦云,善说"未必",就是说对那些约定俗成的说法或似是而非的论断敢于提出质疑,不随波逐流,不轻易相信,努力发现事物背后存在的多种可能性。在与对方论辩中,运用此种方法,可有效地反击对方的论断,取得主动。同时,这种探索事物多种可能性的思维方式,也可使你的讲话深刻犀利,富于表现力和创新性。

> 希波克拉底是古希腊的医学之父,有一次,他与某人进行了一场辩论,那人说:"如果医药能解救人的生命,那么人为什么还得死呢?这说明医药是不起作用的。"
>
> 希波克拉底反驳说:"未必。医药不是长生的符咒,它只为生病的人解除痛苦。如果你认为医药没用的话,那当然可以不就医。"
>
> 那人说:"如果我不就医的话,要医生有什么用呢?"
>
> 希波克拉底说:"你是你自己,其他人未必和你想的一样。"

希波克拉底在这段论辩中,巧妙地加以反驳,把那种以偏概全、以个体代替所有人的荒谬论点,用一个"未必"就从容不迫地驳倒了。不随波逐流,善说"未必"的好处在于能使我们发现事物的多重属性,不拘泥于某种成规定论。当我们面对一个观点时,我们要多说几个"未必",不要让自己成为一个人云亦云的人,这是培养出创造性口才的方法之一。

第三节 提高创意口才的新颖技巧

发展独立思考和独立判断的能力,应当始终放在首位,而不应当把获得专业知识放在首位。

——爱因斯坦

创意是历史永远有效的契机。

——罗曼·罗兰

人们创新是为了追求高效、多能和便捷。如果我们能在平实的言谈中,巧妙地渗入一些新的东西,并不断使之完善和谐,从外到内富于美感,不论是使用还是欣赏都会令人愉悦。这种愉悦的冲动和要求,是创新精神中的推动力,是创新美感。

古人有诗云:"绿荫不减来时路,更添黄鹂四五声。"在绿荫如画的景色中,又传来黄鹂的欢快叫声,别有一番情调,使景色更加吸引人心。同理,如果我们能在平实的言谈中,巧妙地渗入一些新的东西,就能使我们的言谈充分体现迷人魅力并产生积极影响。

推陈出新巧合成

每一种观念,包括历史上遗留下来的一些为众人所熟知和认可的观念,都是在一定的背景下产生的。随着时代的发展,这些观念从个体上看，有其合理性，也有其局限性，而从整体上看，这些观念之间又有相互补充、纠偏、完善的潜在作用。如果采用组合的方法，把它们有机地合成一种新的观念，那么其合理性就会扩大，更接近事物的本质。

比如，求贤若渴和怀才不遇是一对古老而常新的矛盾，有人谈到这一问题时说，其实千里马常有，而伯乐也常有，关键是要找，而不能坐等。

如果伯乐有三顾茅庐的诚意，千里马有毛遂自荐的勇气，那么不管是伯乐找到了千里马，还是千里马找到了伯乐，对于双方都是幸事。"伯乐与千里马""三顾茅庐""毛遂自荐"等历史上的观念，就这样被合成了一个更完善、更能为众人所接受的现代观念。

自圆其说巧"逆解"

人们的心目中不同程度地固守着一些自己深信不疑的观念，不能简单地说这些观念是错误或陈旧的，但其中确实存在很多不全面、待更新的地方。如果你敢于"逆解"这些观念，揭示新的理解且能自圆其说，必能产生不同凡响的效果。如松下幸之助提出一个观点："吝啬就是创造新价值。"他认为，吝啬这个词，从字面上看是个贬义词，但吝啬的本意是将自己的一切提高到更重要的地位。人们往往只从消极的、非生产性的角度去想象吝啬的含义，而没有从积极的、生产管理的角度去发展吝啬的内在精神。当代市场中的价格竞争，往往取决于企业的"吝啬"程度。这种说法的确使人耳目一新，在惊讶之余产生共鸣。

认知和谐巧"借壳"

借壳，本是股市中的一个术语，指某个上市公司因为种种原因导致经营困难重重，而其他有实力上市的公司通过与这种公司的资产重组、结构调整等，既赋予旧公司新的灵魂，又促成新公司顺利上市。这实在是一举两得的好事情。在言谈中，同样也可以采用这一方法，即借用大家熟悉的某一形式，融入自己所要表达的观点，让大家在对"壳"的熟悉和对"魂"的陌生中产生新的认识。

借物寓意巧说明

即使用假托的故事或自然景物的拟人手法来说明某个道理或教训，常常带有讽刺或劝诫的性质。

联想集团创始人柳传志提出的"鸵鸟理论"就是一个很有趣的寓言故事,他说:"当两只鸡一样大的时候,人家肯定会觉得你比他小;当你是只火鸡时,人家是只小鸡,你觉得自己大得不行了吧,小鸡就会觉得咱俩一样大。只有当你是只鸵鸟的时候,小鸡才会承认你大。所以,千万不要把自己的力量估计得过高……"

这种浅显而新颖的语言形式,丝毫不影响其中所包含的道理的严肃和深刻,反而更有启发性,更为人所津津乐道。

形象鲜明巧对比

这是一种普遍使用的语言方法,但拿谁跟谁比,却大有学问。

例如,日本三洋公司的井植熏说:"我在公司的人才培养上,采用的是'水涨船高'的办法,水就是全体公司职工,首先是把水位提高,船是浮在水面上的出色人才,水涨高了,船才能更高。'水落石出'是企业在人才培养问题上无所作为的一种结果,水流干了,露出来的几位突出人才,充其量只是一般的肯干的干部。"

拿水涨船高与水落石出相比，对比强烈、形象鲜明、效果集中。

不落窠臼巧翻新

一种形象在形成之后，在很大程度上便会成为一种惰性的存在，长久缺乏变化或变化速度迟缓，那么再美的象征，再大胆的变形，也都会变成远古的化石，没有生命和活力。从翻新法的特点来看，它由本体和喻体构成，本体不变，喻体可变，我们完全可以不断推翻本体和喻体的配合方式，从而更加丰富人们对本体的理解和感受。翻新的办法主要有：

（1）把一个高远、抽象、新奇的事物通过联想拉回现实，和生活中一个普通得不能再普通的东西配合在一起。如在谈到计算机软硬件的关系时，某专业人士形象地说："计算机只是盘子，软件才是菜，人是为吃菜，才买盘子，两者的关系不能本末倒置。"又如，有的企业家把"团队精神"比做"能打群架"，有的把它比做"团长死了，营长就会上去，照样能打胜仗"等。正可谓："境非真处即为幻，俗到家时自入神。"

（2）把生活中的新事物、新现象、新词汇等大胆地运用到翻新法的配合当中去，使人们对本来已经熟悉的东西产生一种新的联想和体验。如有人说："做生意就像股市一样，牛市也罢、熊市也罢,都有人能赚到钱,关键看你怎么做。"

(3)发挥自己的专业特长,用很专业的知识进行形象的联想配合。例如,某公司总裁说,"成就、荣誉、地位、金钱像'电荷'一样,在一个人身上积累多了,电压就会升高,高电压使别人难以接近,自己也十分危险。解脱的办法是'放电',把自己'接到地上','接地''放电',回到'零电位'。"用自然科学的方法来理解社会科学中的心理现象,又何尝不是一种值得称道的"组合技术"呢?

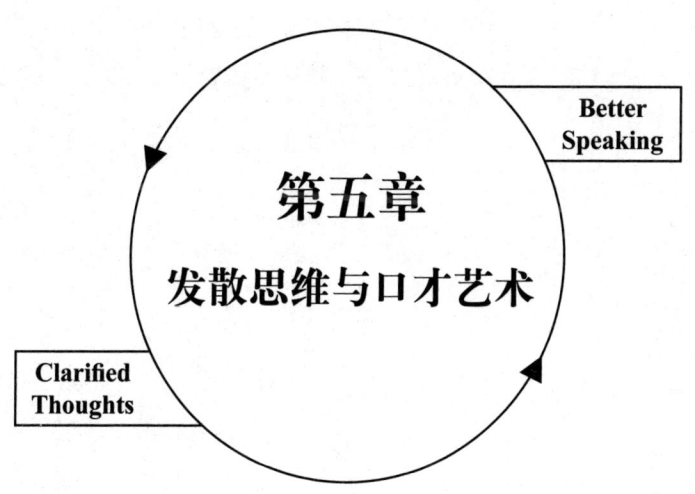

第五章
发散思维与口才艺术

第一节　发散思维是即兴口才的源泉

讲话者高水平的语言表达，其思维过程的一个鲜明特点就是思维轨迹的多向发展。发散思维可以使人思路活跃、思维敏捷、办法多而新颖，能提出大量可供选择的方案、办法和建议，特别能提出一些别出心裁、完全出乎意料的新鲜见解，使存在的问题奇迹般地得到解决。

> 一个地主买了一块肉，让长工拿着。长工没有留神，肉被野狗叼跑了。
>
> 地主生气地大骂，让长工把肉追回来，可那几条野狗早已经不见踪影，长工无奈地说："东家，我们长工一年到头吃不上一回肉，你就一次不吃，这有什么要紧的呢？"
>
> 地主怒气冲冲地说："你们吃不着肉，是因为你们没有那个福气。"
>
> 长工听了，不慌不忙地笑着说：
>
> "这么说，刚才那几条野狗同你一样有福气啦？"

良好的即兴口才是发散思维的体现

（一）发散思维理论概述

发散思维又称做辐射思维或求异思维。它是通过对已知信息进行多方向、多角度、多渠道的思考，从而悟出新问题、探索新知识或发现多种解答或得出多种结果的思维方式。发散思维本质上是它的求异性。它不满足既定的解释，力求围绕问题寻求新的变化，因而要求其思路敏捷、迅速、流畅、开阔，这也正是发散思维的特点。

有人这样说："创造能力＝知识×发散思维能力。"其主要有以下三个主要特征：

1. 流畅性

这是发散思维量的指标，就某一问题，要求你给出足够多的概念和构想，数量越多越好。这个量的多少是以知识的积累为基础的。知识越丰富，观察、分析、归纳、联想、模拟的领域也就越宽广，新思想、新概念、新方法和新结论产生的机会也就越多。

2. 变通性

这是发散思维"质"的指标，指思维发散的灵活性，能随机应变的能力。要求你能够从一个领域跳跃到另一个领域去思考。比如从社会的领域跳跃到自然的领域，从历史的领域跳跃到未来的领域等。

3. 独创性

这是发散思维的本质，它反映思维发散的新奇部分，指对"刺激"能做出不同寻常的反应，更重要的是，能想出别人没有想到的问题。

发散思维也是讲话者创造性地策划、统筹、驾驭过程的思维基础，对于讲话者不断提高思维质量，挖潜创新有着重要意义。

（二）即兴口才是发散思维的体现

当今社会，人与人之间的交往更加频繁，应对就强调一个"快"字，许多现实的话题催促着我们要立时做出适应性的回答。即兴口才在日常讲话中，起着决定性的作用。在瞬息万变的现代生活中，必须要求讲话者能够敏锐快捷地相机而动，做出得体的应变性表达。既能够出语快速、出口成趣，又能够化困境于无形，妙语服人。这就需要讲话者有着高明的快速应对的"语智"了。当然，这是长时间努力培养、锻炼的结果。真正的好口才是即兴的、随身的、灵感的，而发散思维则是即兴口才的源泉。

发散思维是思维主体针对某一思维对象，充分发挥自己的想象力，从一个目标或思维起点出发，突破原有的知识圈，重新组织眼前的信息和记忆系统中的信息，从不同的角度、不同的方向和不同的关系去思考问题，提出各种设想，寻找各种途径，多方面、多层次地寻求解决问题的答案和方法。

运用发散思维，能让多种学科、多种知识产生碰撞，从而激发出不一样的火花。讲话者只有以深厚的文化积淀、对人生的深刻感悟，还有开阔发散的思维和灵活多变的头脑等综合因素做支撑，才能拥有高超的语言表达能力。

讲话者所面对的现实情况是复杂多样的。因此，不仅需要严谨有序的思维，也需要跳跃的灵感、广泛的视角，只有这样，才能培养出一个开放性的头脑，才能拥有一个包容大千世界的思维空间，从而挥洒自如，雄辩天下。

发散思维能力训练

由于发散思维是一种多向发展的思维形式。它能够随机应变、举一反三、触类旁通，所以它可以针对同一个问题，沿着不同的方向去思考。在思考中，它不墨守成规，不拘泥于传统，所以能够使人的思路不受已有知识和经验的束缚，摆脱旧有的联系，克服心理定式，跳出"常识"的框架。以前所未有的新视角去观察、分析事物，探求不同的解决问题的方法，提出创见。

例如：给下列数列填空：

0　6　24　60（　）216

在解本题时，如果一个思路不能得出正解，就必须再开辟一个思路。因此思路转换必须灵敏、迅速、流畅、开阔。

其数列的规律是:

$1^3-1=0$

$2^3-2=6$

$3^3-3=24$

$4^3-4=60$

$5^3-5=120$

$6^3-6=216$

正确答案为:120

因此,在这类的思维训练中,要注意摆脱常规思维定式所造成的习惯思维的束缚,要想方设法使既有的知识、经验进入新的问题情景中,以使思维自由地统观全局,设法发现问题与情况的相互联系,以及问题的形式与目的的内在联系,尽可能多地发散出自由奔放的灵感数目。

既然发散思维本质上是它的求异性,因此,发散元素也就没有固定范围的局限,它所寻求的"异",只要有合乎情理的解释,任何思路、方法,就都在发散思维的视线之内。

例如,中国古代思想家、名家学派的著名代表人物惠施曾有一个著名的辩题:连环可解。连环是一种互相套连的环,本来是不能用常规的方法解开的,但惠施说"连环可以解开",这表现出了惠施头脑的机智与曲解巧辩的才能。虽然惠施的具体解法究竟是什么现在不得而知，但历代的人按自己的理解，创造出了不同的情趣各异的解法。

一种解法是以解体为"解"。

据《战国策》记载，有个人送给齐威王王后一个玉连环，请她解开。齐威王王后仔细看了看玉连环，不假思索地操起一把锤子，一下就把这个玉连环砸断了。并说："连环解开了。"

一种解法是以指出不可解为"解"。

据《吕氏春秋·君守》篇记载："鲁鄙人遗（赠送）宋元王闭（连环）。元王号令于国，有巧者皆来解闭。人莫之能解。儿说（战国时期的辩士）之弟子请往解之。乃能解其一，不能解其二，且曰：'非可解而我不能解也，固（本来）不可解也。'问之于鲁鄙人，鄙人曰：'然，固不可解也，我为之而知其不可解也。今不为而知其不可解也，是巧于我。'故儿说之弟子者，以不解解之也。"

一种解法是以活动自如的不解为"解"。

唐代道士成玄英在注疏《庄子·天下》时说："夫环之相贯，贯于空处，不贯于环也，是以两环贯空，不相涉入，各自通转，故可解者也。"

也就是以活动自如的不解为"解"。

一种解法是以可计算为"解"。

> 现代思想家胡适就说:"对于计算这连环的圆周和半径的数学家来说,每一环都可看作是与它环分离的。它们之间彼此扣接,完全没有给他(的计算)带来任何困难。"

不管以上几种解法是否符合惠施的原意,从突破常识的创造性这一点来说,也不能完全说它们都是诡辩。这些解法各异的方法,均是发散思维的结果。哪怕这些"异"与既定的理解多么不同,只要有合乎情理的解释,任何思路、方法,也都在发散思维的新的理解之中。

发散思维训练是培养讲话者思维开放、敏捷、灵动的重要方法之一。至于讲话者如何培养发散思维,使自己的思维"软化"?可以从以下几个方面入手:

首先是拓宽思维的广度,从更宽广的范围内,把握事物之间的联系;其次是扩大观察范围,为思维注意力的适时转移、分配做好准备,并以此消除思维定式的影响;再次是破除思维障碍,突破"格式塔"的完形心理;第四是培养群体协作精神,其目的是集思广益,从而激励群体的集体智力,开发更多的思路;第五是避免一味地求同,从而真正体现发散思维的"求异性"。

思路宽和思路转换灵活是从不同角度去思考问题的两个标志。它要求讲话者兴趣爱好广泛、博专结合,并能克服固定观念,纠正"从来如此"的论点;又能善于变通,克服平俗呆板的固定习惯,只是重复自己脑子里传统的或定型的东西,是不会发散出独特性的思维的。

总之,发散思维的培养,需要讲话者在实践中尽可能主动灵活地转换问题思考的方式,从多个角度对话题展开立体分析,在思考问题的时候,能摆脱传统思维定式的约束,想到他人未曾想过的东西。另外,在日常生活中,还应博览群书,积累学识和经验。

训练题

要求:请又快又准地说出下列名称。

(1) 请迅速说出 10 种水果的名称。

(2) 请迅速说出 10 种药品的名称。

(3) 请迅速说出 10 种报刊的名称。

(4) 请迅速说出 10 个国家的名称。

(5) 请迅速说出 10 种行业的名称。

(6) 请迅速说出 10 种交通工具的名称。

(7) 请迅速说出 10 项体育项目的名称。

(8) 请迅速说出 10 本世界名著的名称。

(9) 请迅速说出 10 种古典乐器的名称。

(10) 请迅速说出 10 个世界古迹的名称。

第二节　发散思维在口才上的运用方式

发散思维要求打破常规，寻求变化，是对一个问题在思考的过程中从多方面、多角度探索答案的思维形式。我们在各个角度之间跳跃，是为了使我们的思维发散开去，有意识地去揣测、发现多种可能性，让我们的思想丰富和视野开阔起来。有了这样的发散思维，我们说出的话才会丰富生动、富有新意和创造性。

> 一位年轻的女生问文学课教授是否看过一本当时非常流行的畅销书，教授坦率地说："我没有看过。"
>
> "是吗？这本书都发行3个月了，您怎么还没有看过？"女生显得十分惊讶。
>
> 教授不紧不慢地问这位女学生："这位同学，你是否读过但丁的《神曲》呢？"
>
> "没有，没读过。"女生也照实回答。
>
> 教授说："那你可要抓紧了，他都问世几百年了！"

在口才方面，运用发散思维主要有以下两个角度：

往日视角

往日视角，就是用今天所拥有的学识去考察事物和观念的起源、历史和以往的发展，把握了解事物的过去，这样才能更好地思索事物的今天。

通常来讲，人们在观察事物和思考问题时，更为注重的是现在和以后，因为"过去的已经过去"，或者"往事不堪回首"，所以认为过多的回顾从前并没有多大意义。其实，用往日视角看待客观世界，主要目的不是缅怀，而是要通过历史性的眼光，去把握事物运行和发展的轨迹，以此来检验事物的真实内涵。

今天的事物都是从以往的事物发展而来的。但是，今天和昨天，其间的差别有时大到使人难以相信的地步，很难找到二者还是"同一种事物"的痕迹。当我们用往日视角来谈论事物、观念和人生的时候，肯定会别有一番滋味在心头，这就有可能获得新的感想，从而为即兴发挥做好前期铺垫。

总之，时空视角变化的思维训练首先表现在对事物的源头追溯上。岁月沧桑，时过境迁。这是事物发展的本来规律，但由于人们是生活在片断之中的，因而对事物的认识往往产生凝固化的状态，不太习惯于用"昨天—今天—明天"的时空视野观察和思考问题。如果令思维停留在今天，不去思考事物的昨天，想想事物的明天，思维的视野就不会开阔，也不会有更多的灵感闪现。

未来视角

　　时空视角的变化，体现在对未来事物的预测性发展。对面前的事物和观念，只看到它的过去和现在是不够的，还要看到它的未来，这就需要我们在头脑中建立起"未来视角"。所谓未来视角就是思索事物或观念的未来发展，预测它的发展方向和道路，并用预测的结果来指导我们的今天，指导当下对待它的态度。

　　未来视角与往日视角一样，也对人认识事物大有裨益。总是局限于往日视角肯定会使视界狭窄，有害于创意思维，因而要多多地进行未来视角的训练，力求超越自我，不断地破除条框的束缚，充分发挥思维主体的视角转换功能，学会从多个角度观察和思考问题。

　　但未来视角与往日视角并非泾渭分明的，而是相互交融的。因为这个世界的变化昼夜不停、不可逆转，昨天、今天、明天的划分只是相对的，"昨天"是过去了的"今天"，"明天"是即将到来的"今天"。所以王羲之曰："后之视今，亦犹今之视昔。"

　　虽然我们的身体和行动无法超出"今天"，但是我们的头脑却不受这种束缚，可以追溯过去，也可以展望未来。因此，我们在昨天、今天、明天之间跳跃，是为了使我们的思维发散，有意识地去发现过去、未来的多种可能性，让我们的思想和视野丰富开阔起来，而不是停留、局限在某时某地。有了这样的发散思维，我们说出的话才会丰富生动、富有新意和创造性。

第三节　即兴口才中发散思维的运用技巧

在某些特殊的情况下，如面对尴尬的场面时或遇到令人惊慌失措的局面时，甚至是思想观念有差异时，讲话者都要保持清醒敏锐的头脑，立即运用发散思维，调动自己的知识和语言储备，紧扣题旨情境，深化主题，升华格调。

> 一个小伙子走迷了路，正不知所措的时候，见路边有一老人在干活，于是就跑上去问路。
>
> 小伙子大声问："喂！老头！到李家庄走哪条路，还有多远？"
>
> 老人见小伙子毫无修养，没有礼貌，非常不高兴，但还是回答了他："走大路一万丈，走小路七八千。"
>
> 小伙子一听感到奇怪："怎么你们这儿论丈不论里吗？"
>
> 老人说："小伙子，原来你也会讲里（礼）？"

紧扣题旨，借题发挥

> 20世纪，美国政界要人凯升，首次在众议院发表演说时，打扮得土头土脑。一个议员在他演讲时插嘴说："这位伊利诺伊州来的人，口袋里一定装满了麦子呢！"

> 这位议员的讽刺挖苦和台下的哄堂大笑并没有使凯升面红耳赤,凯升也没有针锋相对予以回敬,而是顺着对方的话题,很坦率地说:"真的,我不仅仅口袋里装满了麦子,而且头发上还藏着许多菜籽呢。我们住在西部的人,多数是土头土脑的。"
>
> 他的坦率和真诚赢得了听众的好感。由被动变为主动,于是,他话锋一转,乘势进行借题发挥。他说:"不过我们藏的虽是麦子和菜籽,却能长出很好的苗子来!"

他的语言虽然含蓄,但针对性很强,明确地阐明了自己的观点和长处,演讲获得了很大的成功。

有意岔题,反守为攻

在某些很特殊的情况下,讲话者遇到的问题不仅仅是出乎意料的,而且是比较棘手、敏感的。因此,讲话者必须保持清醒敏锐的头脑。

> 上海某电台与美国洛杉矶某电台曾经联办了一档越洋直播节目。这是以音乐、友情为主的综合专题节目,每周一期,双方主持人轮流负责策划,中间双方会进行通气。后来洛杉

矶的主持人慢慢有些松懈。

接近年底的一期节目，轮到对方主持人负责策划，可是对方却迟迟没有与中方主持人通气，中间催过几次都未见回音。到播出当天的例行准备时，对方才说，他们要谈谈当年的"十大新闻"，此时已经来不及与他们理论这档节目该不该上他们说的"十大新闻"。主持人与导播、编辑当机立断，请来一位资深的国际新闻记者，准备助阵。

节目开播后，那位洛杉矶的主持人自顾自地随便聊起了所谓的"新闻"，第一件就是什么华人偷渡的事，中方主持人不等他说完，就插空问道：

"请问，你评选十大新闻的标准是什么？"

对方主持人说："也没有什么一定的标准，就是两个城市跟华人有关的事。"

中方主持人说："请问，你评选十大新闻的程序是什么？"

对方主持人说："啊，就是找几个朋友一起聊聊。"

中方主持人笑着说："按照新闻行业的惯例，那只能作为私下里的谈资，还是请你听听我们上海的新闻吧！"

于是，那位临时请来的资深的新闻记者热情洋溢地讲述了国内的热点新闻，那位洛杉矶电台主持人也赶快偃旗息鼓，不再自找没趣。他不由自主地跟着中方主持人的"指挥棒"转，连连赞扬中国经济发展所取得的成绩，等等。

中方主持人就是以发散思维,采取从不同侧面找到突破口的策略,看准时机,主动出击,岔开话题,举重若轻地扭转了局面,达到了反守为攻的效果。

巧释逆转,自圆其说

讲话时,出现失误是常有的事情,如果出现失误,也不必惊慌,更不可患得患失、强词夺理,而要开动你的脑筋,调动你的发散思维,巧释逆转,自圆其说。

> 一次智力竞赛抢答会上,主持人问:"三纲五常中的'三纲'指的是什么?"
> 一名女生抢着答道:"臣为君纲,子为父纲,妻为夫纲。"
> 在慌忙中她把三者的关系完全弄颠倒了,引起哄堂大笑。女学生意识这一点后,立刻补充道:"笑什么?这说的是新'三纲'。"
> 她接着解释说:"现在,不管官有多大,都是人民的公仆,这不是'臣为君纲'吗?家里的孩子都成了父母的'小皇帝',岂不是'子为父纲'吗?许多家庭中,妻子的权力远远超过了丈夫,'妻管严''模范丈夫'遍地流行,岂不是'妻为夫纲'吗?"
> 话音未落,同学们对她的这种巧妙应变报以热烈的掌声。

从上例可以看出，如能巧妙地随机应变，对突然出现的变故做一番别出心裁的解释，不失为是挽救危局、变逆势为顺势的一个良策。但巧释逆挽的语言技巧不仅需有机敏冷静的头脑，还要有渊博扎实的知识做基础，平日里须多积累，才能"厚积薄发"。

顺水推舟，反败为胜

当对方有意无意地恶作剧或设下"圈套"时，讲话者要能"明察秋毫"，既要宽容大度，不动声色，又要沉着应战，借用对方话题驳斥对方。对方的进攻力量越大，反击的力量也就越大，往往能使对手猝不及防、自取其辱，最终使对方折服。

> 巴依财主听见乡亲们都夸阿凡提布染得好，心里很不高兴，于是就挟了一匹布前来刁难阿凡提。
>
> 他对阿凡提说："我要染的颜色普通极了，它不是红的，不是蓝的，不是黑的，又不是白的，不是绿的，也不是青的，我要染成不是任何颜色的颜色，你明白了吗？"
>
> 阿凡提一口答应下来："没有问题，我一定照您的意思染就是了。"
>
> 巴依非常惊讶："什么，你能染？人说话可得算数！我哪天可以来取呢？"

> 阿凡提说:"就到'那一天'来取吧!"
>
> 巴依追问:"'那一天'是哪一天呢?"
>
> 阿凡提说:"'那一天'不是星期一,不是星期二,不是星期三和星期四,也不是星期五和星期六,连星期天也不是。亲爱的巴依老爷,你就到'那一天'来取吧!"
>
> 巴依听了不禁目瞪口呆。不是任何颜色的颜色,是无法染成的,阿凡提如果说染不成,就会遭到巴依的奚落,如果和这种无理取闹的人讲道理,将会纠缠不休。于是他以其人之道,还治其人之身,要巴依在不是任何具体日期的日期来取布,采用顺水推舟的方法,把巴依出的难题交给巴依自己去解决了。

有时候,说话者要表达自己的思想,达到自己的目的,需要抓住对方的话茬儿,让对方向着有利于自己的方向发展。这种方法也是顺水推舟、借敌胜敌的技巧。我们要借用他人之力,为自己所用,引诱对方深入,将其引向荒谬的极端,把对方逼到一个自相矛盾的角落里去,从而达到预期的目的。

> 一天,苏格拉底突然想到一个问题,正巧有一个过路人,他就问道:"我有一个问题弄不明白,能向您请教吗?人人都说要做一个有道德的人,但道德究竟是什么?"
>
> 那人回答:"忠诚老实,不欺骗人。这就是道德行为。"

苏格拉底又问:"你说道德就是不能欺骗人,但和敌人交战的时候,我军将领却千方百计地去欺骗敌人,这可以说成是不道德的吗?"

"欺骗敌人是符合道德的,但欺骗自己人就不道德了。"那人说。

"与敌人作战时,我军被包围了,处境困难,为了鼓舞士气,将领就欺骗士兵说,我们的援军到了,大家奋力突围出去,结果成功了。这种欺骗能说是不道德吗?"苏格拉底接着发出反问。

那人回答:"那是在战争中无奈才这样做的,我们日常生活中就不能这样。"

"我们常常会遇到这样的问题,"苏格拉底停顿了一下问道,"儿子生病了,却又不肯吃药,父亲骗儿子说,这不是药,而是一种好吃的东西。请问这也不道德吗?"

那人只好承认:"这种欺骗是符合道德的。"

苏格拉底又问:"不骗人是道德的,骗人也可以说是道德的。那就是说道德不能用骗不骗人来说明。那究竟用什么来说明呢?"

那人被弄得不知如何是好,只好说:"不知道道德就不能做到道德,知道了道德就能做到道德。"而他恰恰说出了苏格拉底要说的话。

在这里苏格拉底就采用了顺水推舟的技巧，使路人说出了苏格拉底想说的道理。

顺势牵连，委婉表达

为了避免对方的抵触或反感，可以顺着对方的说法，接过来后变换思路、做出新解，巧妙而鲜明地表达出应该倡导的思想，启发对方走出线性的、消极的思维。

> 山东蓬莱有位优秀导游员，一次为八位日本客人导游，当从"八仙桌"讲到"八仙过海"的故事时，有位日本朋友问道："八仙最后到哪儿去了？"
>
> 这是一个难题，没有人考证过。导游一看眼前的八位日本客人，立即灵机一动，答道："我想，为发展中日两国人民的友谊和交往，八仙过海，东渡到邻邦日本去了吧！"日本客人一听，高兴得笑起来。

导游的回答十分巧妙，巧妙就巧妙在把眼前的情景、巧合的数字（八仙过海、八位日本客人）顺着客人的问话和中日两国人民的友谊自然地连了起来，使回答既得体又意味深长。顺势牵连的应急艺术确能有效地使人从困境中摆脱出来，但必须注意"牵"得要自然，"连"得要巧妙，不能牵强附会，否则会弄巧成拙。

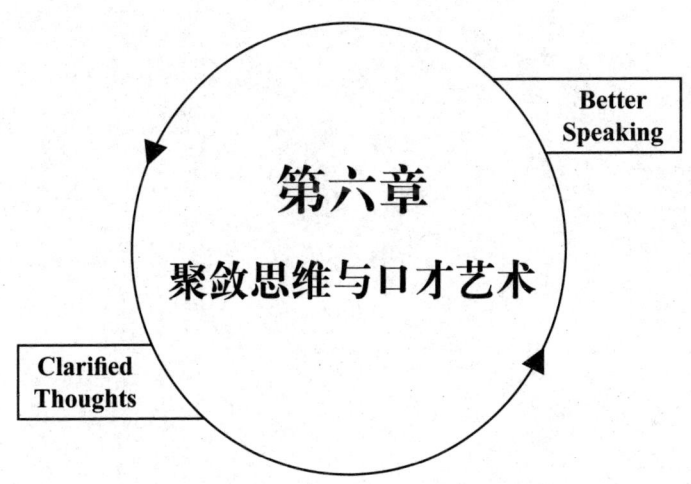

第六章
聚敛思维与口才艺术

第一节　聚敛思维是简洁口才的基础

无论任何人,如果他希望迎接语言的挑战,使自己能言简意赅地讲话,就必须具备坚强的决心。

——卡耐基《语言的突破》

讲话者要做到运用聚敛思维把话讲得简洁平易、质朴自然。要想真正地把自己的话说得高效,就必须让自己的语言简练,能很快让对方明白你所说的意思。

据通用电气的副总经理说:"在最近的代理商会议中,大家投票选出导致推销员交易失败的原因,结果有四分之三的人认为,最大的原因在于推销员的喋喋不休,这是一项值得注意的结果。"

聚敛思维决定口才的简洁凝练

聚敛思维与上面介绍的发散思维有所不同。聚敛思维也叫作求同思维,它是要根据已有的知识经验,在立足于大量现实信息的基础上,向着一个方向去思考,得出一个认为最好的结论。聚敛思维总是在考虑这一问题应该怎样解决,解决问题的程序是什么,等等;而发散思维则是对一个问题从多角度着眼,搜寻多种可能性,从多方面探讨答案的思维过程。

具体地说，聚敛思维是在大量发散思维收集材料的基础上，通过分析、比较、判断，来选择最有价值的设想，好比一个人面临四通八达的交叉路口，要设法找到一条通向目的地的最佳路线一样。

聚敛思维是一种以目标思维为指向的系统性聚变创新思维，它是在目标思维引导下，在达成整体目标的基础上，实现决策目标的高效聚变创新思维。在实践中，运用这种思维方式往往能收到事半功倍、一箭双雕甚至一举多得的奇效。

聚敛思维一般有同一性、程序性、比较性三个特点。同一性是指它是一种求同性的思维，它总是从过去的知识经验中引出解决问题的办法，希望用老办法寻求解决问题的答案。程序性是指同一性在严格性上的表现。由于聚敛思维总是从同一方面考虑问题，所以对这一过程也就赋予了严格的程序，先做什么后做什么，一步接着一步，使问题的解决有章可循。比较性是指它以一个目标为其归宿，即在现有的几种途径、方案、措施中，通过比较，寻求一个比较合适的途径、方案、措施。

运用聚敛思维锤炼你的语言

语言在精而不在多，词不在华丽而在准确。口才最差的人可能就是喋喋不休的人。要想真正地把自己的话说得高效，就必须让自己的语言简练，能很快让对方明白你所说的意思。也就是说，讲话时，要充分发挥你的聚敛思维，做到语言简洁精练，质朴自然，富于美感。

那么怎样运用聚敛思维呢？

首先，在讲话之前，一定要明确就什么问题而讲，为了解决什么问题而讲，然后要明白解决这一问题有什么要求等。

其次，在确定了主题后，就要围绕主题选材，与主题无关的词汇、语句，即使再优美、再精彩，也要坚决舍弃，一些常识性或实时性的意思大家都懂，就没必要在讲话中重复。如果讲一些似是而非、可有可无和漫无边际、人家已讲了若干遍的套话，除了令人生厌外，还会窒息人们的思想，与主题格格不入，对讲话效果也极为不利。

（一）运用聚敛思维锤炼语言的方法

简洁果断，质朴自然，就是尽量使用大众化语言，不用冷僻字句。讲话者要做到运用聚敛思维把话讲得简洁平易，主要有以下几种方法：

1. 长话短说

老舍先生说："简练就是话说得少，而意思包含得多。"话少而意思也少就算不得简洁。

> 1981年世界杯女排赛最后一场中日之战，由于中国队实际已取得冠军，姑娘们兴奋不已，在先赢两局的情况下，第三、第四局打得毫无章法，输得稀里糊涂，教练袁伟民一再暂停，面授机宜，却不见成效。怎样才能使女排姑娘镇定下来，获得全胜的真正冠军，不失中华民族之志呢？
>
> 在第五局开始前的短暂时间里，主教练袁伟民说了几句话："要知道，我们是中国人，你们代表的是中华民族，祖国人民在电视机前看着你们，要你们拼，要你们搏，要你们全胜。这场球不拿下来，你们要后悔一辈子！"姑娘们在这语重心长的话语下，胜了第五局，最终赢得了全场比赛。在简短的几句话、几十个字中，流淌出含义深刻、内容丰富的肺腑之言：中国人的风貌，中华民族的精神和尊严，祖国人民的期待，以及这场球的关键意义，姑娘们自身利害得失，等等。袁伟民的这几句话言简意赅，成效立竿见影，可见长话短说的神奇力量。

2. 中肯实在

要想使讲话简洁还必须做到中肯实在。好口才关键要实在，说到听众的心里去。对于那些空话、套话，听众不但不愿听，甚至觉得是在受折磨，更是浪费时间。

> 有人问马克·吐温，演讲词是长篇大论好，还是短小精悍好，他没有直接回答，而是讲了一个故事：
>
> 在某个周日，我到礼拜堂去，适逢一位传教士在那里用令人哀怜的语言讲述非洲传教士苦难的生活。当他说了五分钟后，我马上决定对这件有意义的事情捐助50元；当他接着讲了十分钟后，我就决定把捐助的数目减至25元；当他继续滔滔不绝地讲了半小时后，我又在心里减到5元；最后，当他讲了一个小时，拿起钵子向听众哀求捐助并从我面前走过的时候，我却反而从钵子里偷走了2元钱。

通过上面这个故事可意识到说话还是短一点、实在一点好，长篇大论、泛泛而谈容易引起听众的反感，效果反而不好。

3. 学会概括

要想讲话精辟简练、不拖泥带水，关键是要学会概括，善于把大量琐碎的事物，用高度凝练的语言，概括成简短的话语。讲话水平高低，很大程度上取决于概括能力的大小。不会概括，讲出来的话自然就会显得平铺直叙，不够精练。因此，如何通过提高自身的概括能力来达到使语言精练的目的，是讲话者应具备的基本能力之一。

概括是人们进行抽象思维的一种基本能力。它是认识真理的重要途径和手段，也是使语言表达更加精确的一种技巧和艺术。

人们在交流思想、介绍情况、陈述观点、发表意见时，为了使对方能够很快了解自己的讲话意图，领会要点，往往使用高度概括、凝练的语言，提纲挈领地把问题的本质特征表达出来。不少讲话者善于高屋建瓴地把握形势，抓住问题的症结所在，并能用准确精当的语言加以概括表达。概括具有如下三种方法：纵向概括，指按照时间或先后顺序，把一些零散的事实材料，提纲挈领地归纳概括成几条或几点。横向概括，指按照空间顺序，把一些横向的、零碎的、分散的、复杂的事实材料，进行科学分类，归纳概括，使其条理和层次清晰，便于记忆。理论概括，指的就是对大量具体事例进行分析研究，从理论上进行归纳提炼，从而得出带有本质性、普遍性、规律性的结论。

概括具有如下三个作用：筛选作用，就是丢掉事物中的无关部分，选取具有本质属性的内容。归结作用，就是将事物的共同点归结在一起，减少"水分"和避免繁复。扩大作用，即从认识个别事物进而扩大到认识一般事物，有利于逐步接近真理和掌握真理。

相应地，根据概括的作用，可将概括的形式归纳为如下三类：

（1）事理概括。是指讲话者在讲话中，常常要列举一些典型事例。从这些事例中选取尽量能说明观点的有用部分，摒弃其他非本质部分，并沿着这些典型事例进行分析、论证、推理，得出一个具有指导意义的结论。

（2）浓缩概括。是指讲话者在当众讲话过程中，对一些具有结论性的内容,或者能独立存在的内容单元,通过集中提炼,成为极简的句子、短语,在听众记忆中留下深刻的印象。

(3)扩大概括。是指把某一单独事物的本质属性,推广到它所属的全类个体上去,从而把全类个性概括在一起的推理方法。

> 齐威王二十四年,魏惠王与齐威王一起在郊外打猎。魏惠王带着几分夸耀的语气说:"你们齐国可有什么奇珍异宝吗?我们魏国虽不算大,尚且有十枚直径为一寸的宝珠,这些珠宝晶莹滑润,玲珑剔透,到了夜间,亮光闪闪,光华四射,能够把前后十二辆车子照得通亮,真是不可多得的稀世珍宝。贵国这样一个堂堂大国,怎么连件像样的国宝都没有呢?遗憾!遗憾!"
>
> 齐威王微微一笑说:"我们所说的国宝与你们看重的国宝迥然不同:我有一个名叫檀子的大臣,现在镇守在南城,他恪尽职守,爱兵如子,夜不卸甲,使得强悍的楚国人不敢骚扰我国的南部边疆;我有一个名叫盼子的大臣,带病在高唐驻防,他办事异常精细,防范特别严密,使得赵国人不敢在我国的河流里撒网捕鱼,为国家赢得了一大笔渔业收入;我有一个名叫黔夫的大臣,被派去治理徐州,他文武并用,恩威并施,使得燕国、越国的老百姓自愿迁移过来的多达七千余家;我还有一位名叫种首的大臣,负责维护秩序,缉拿盗贼,他向各

地发布告示，晓以利害，让老百姓群起监督，结果歹徒盗贼自首，形成了夜不闭门、路不拾遗的太平局面。

要讲国宝，以上四位出类拔萃的贤才，就是我们的国宝。他们思想和业绩所反射的光辉，连千里以外的地方都照耀到了，哪里是那些仅仅照亮十二辆车子的宝珠所能比的呢！"

魏惠王一听，脸羞得通红。

齐威王将自己的"国宝"与魏惠王的国宝作了一番比较，对方的只能照亮十二辆车子，而他的却可以照耀到千里以外，使天下太平。这番话揭示了一条真理——真正的国宝是人才。

（二）运用聚敛思维讲话应注意的几点

1. 扣住中心来聚敛

虽然在讲话前，我们已经运用了发散性思维，找到了许多可用的材料，但这些材料是否能表达同一个中心呢？这就需要用聚敛思维来选材料。一个优秀的演讲家，总是善于从二三十甚至更多的材料中用聚敛思维选出不同的材料来表达同一个中心。

2. 选准角度来聚敛

材料虽然扣住一个中心了，但不注意角度，就会使讲话出现拖沓重复现象。我们必须注意从不同角度（不同侧面）反映同一个中心。所谓不同角度，可以是选择不同时间里发生的事情，可以选择不同地点发生的事情，可以是选择不同性质的事情，可以是选择对待不同人所做的事情。这样围绕着一个中心，就不会使听众感到重复单调。

3. 善于裁剪来聚敛

围绕中心的事情，不必像一人一事那样要有完整的结构，可以是几个片段，只要截取事情中最能表达中心的部分就可以了。同时，也不必像一人一事那样细致的描写，应该讲述得尽量简洁，描述得恰到好处。

4. 注意联系来聚敛

围绕中心的几件事不能随意讲，必须注意事情的过渡、衔接、排列。几件事的排列，应以选择的角度作为线索，排列顺序可以是并列式，也可以是递进式。

如何提高聚敛思维能力

聚敛思维能力强的人一般具有较强的洞察力，看问题比较深刻，善于推理分析，思维严谨周密。

聚敛思维是与发散思维相对应的一种思维方式，如果说发散思维呈现一种由点到面的扩散式思维形态，那么聚敛思维就呈现一种由面到点的内敛式思维形态。聚敛思维能力强的人一般具有较强的洞察力，看问题比较深刻，善于推理分析，思维严谨周密。

那么，如何提高聚敛思维能力呢？社会上，人们的职业千差万别，从思维的角度来看，任何一种职业的训练都是对人们某种特殊思维能力的训练。当医生就要训练对人体病理的认知能力；当律师就要训练对各种行为是否合乎法律规范的判断能力；当艺术家就要训练对事物美与丑的形象思维能力；同样的，要想有好的口才就要训练对细节与问题的捕捉、分析和表现能力，只有这样我们才能有更高更强的聚敛思维能力。

（一）求同求异聚敛思维能力训练

任何两种事物或者观念之间，都有或多或少的相同点。我们在思维中抓住了这些共同点，便能够把千差万别的事物联系起来思考，从而发现新创意。找到事物共同点，往往就能够把不同的事物组合起来。在一般情况下，组合之后的事物所产生的功能和效益，并不等于原先集中事物的简单相加，而是成倍地增加。因为在组合的过程中，整个事物已经具有了新的性质和功能，而不是原有性质和功能的简单积累。

但"世界上没有两片完全相同的树叶"。由于每一种具体事物都具有无穷多的属性，因而任何事物之间都不可能完全相同，都有或多或少的差异点。"求异"可以用来解决一些争执性的问题。有的时候，争执的双方针锋相对，互不相让，但是经过深层次的比较分析，就能看到，双方所关注的焦点并不完全相同，在这种情况下，就可以通过调节和妥协的办法使问题获得最终解决。

训练题

在你的面前摆着这样四种物品：

A. 一本平装书。

B. 一瓶百事可乐。

C. 一条纯金项链。

D. 一台彩色电视机。

首先，请你开动脑筋，从上述四种物品中找出一种"与众不同"的物品。

您选择 A 吗？那您选对了，因为在四种物品中，图书是唯一一种用纸做成的、供人阅读的物品。

您选择 B 吗？那您也选对了，因为在四种物品中，可乐是唯一一种由液体构成的、供人饮用的物品。

您选择 C 吗？那您同样选对了，因为在四种物品中，项链是唯一一种用纯金制作的、戴在身上供装饰用的物品。

最后，您愿意选择 D 吗？那您还是选对了，因为在四种物品中，彩电是唯一一种能把无线电波转换成声音和图像的物品。

然后，请您再一次开动脑筋，从这四种物品中找出两种"属于同一类"的物品。

这一次，您肯定有经验了，思路也开阔了，能够把任意两种物品组合起来而得到正确答案。比如：

平装书与可乐，属于"价格低廉品"这一类。

平装书与彩电，属于"能作为知识用品"这一类。

可乐与彩电，属于"诞生于现代的物品"这一类。

项链与彩电，属于"贵重物品"这一类。

……

（二）思维深度的聚敛思维能力训练

　　思维的深刻性是个人思维素质的一个重要方面。一般来说，思维的深度主要表现在以下几个方面：透过现象抓本质、从事物的现状把握它的发展过程、从具体领域进入抽象领域、从原因探索结果，或者反过来从结果追溯原因，等等。比如在研究市场上的顾客行为的时候，表面上看，顾客购买的是商品，是某种具体而实在的东西，但是从更深的层次来看，顾客所购买的只是"顾客某种需求的满足"。特定的商品不过是满足某种需求的手段而已。

　　把自己的思维深度扩展一个层次，就能在眼前展现出一个广阔的世界。在解决现实问题的时候，我们依然需要这种高度的聚敛思维能力。当你面临问题的时候，如果能从更高的层次来看这个问题的话，那么也许就能打开思路，想出更多的解决办法。比如你开办了一家公司，但是缺少资金，怎么办呢？你肯定首先想到了去银行申请贷款，或者找亲朋好友借钱。除此之外，还有没有其他办法呢？如果把"需要资金"这个问题抽象到更高层次来看的话，你就会发现，你所真正需要的并不是资金，而是办公用房、生产设备、原料、职工的劳动等等，你不过是想用资金来换取这些东西罢了。

沿着这条思路，你解决"缺少资金"的问题，就会有许多种其他办法：月初付房租改为月末付房租；采用分期付款的形式购买设备；赊购原料或以自己的产品作交换；月末发工资或者职工以工资入股；让消费者预先付款；等等，也许这些比"借款"更能解决问题。

从一定意义上来说，我们这个世界是一串又一串的因果链条，每一种事物和现象都有自己得以产生的原因，也都会引出一系列的结果。沿着任何一个事物往上追溯，我们能够发现它的原因、它的原因的原因等等；如果往下追溯，我们能够找出它的结果、它的结果的结果等等。

每个具体事物的因果链条都是无限的系列，朝上是无限的，朝下也是无限的。但是，人们在日常的思维活动中，往往只截取其中的一段，对于超出这一段之外的原因或结果，就不予理睬了。如果在这里，我们能够沿着某一根因果链条朝上或者朝下穷追不舍，那就会有新的发现。

第二节　聚敛思维的口才运用技巧

一般人在演讲时，常常喜欢长篇大论，这是很常用也是很容易见效的演讲方式。也还有一部分人，充分发挥聚敛思维口才，把自己的意思浓缩成简短的几句话甚至是一句话，恰如其分地表达出其关键的意思，这种演讲方式往往令人拍案叫绝，印象深刻。

说话简明扼要不仅可以节省时间，还会使你的听众感觉到你的自信心。当你使用很多不必要的词语时，听起来就像你想掩饰什么，或者对你自己说的话没有把握。

语言凝练，言简意赅

所谓长话短说，即是以简驭繁。老舍先生说："简练就是话说得少，而意思包含的多。"话少而意思也少就算不得简洁。例如：

甲向乙问路："请问您知道红房子街怎么走吗？"

乙回答道："噢，你看见这条街了吗？这是绿房子街，不是红房子街，虽然只差一个字。绿房子街尽头有个咖啡馆，是'绿色咖啡馆'，也兼营台球和电子游戏，你从咖啡馆那个路口向西拐，就是黄房子街，在黄房子街……"

乙实在是太热心了，提供了很多没有意义的信息，从而造成了甲理解上的困难。所以在表达观点的时候,要尽量做到言简意赅、简明扼要。除了必要的修饰之外,不要离题太远,卖弄辞藻,在毫不相干的事情上兜圈子,这样会造成理解上的歧义,使听者一头雾水,不知所云,从而丧失了谈话的聚敛性。

如果我们把上面的这段话改写一下:

"请问到红房子街怎么走?"

"从这儿走到咖啡馆,路口向北拐,走到黄房子街的第二个路口,再向右拐就是了。"

由于交际双方把话说得极其简单明了,集中性很强,听者自然很容易就能听懂了。

可见,喜欢高谈阔论的人是很容易失去听众的,人们的注意力决不会无限期地保持下去,应该适时地发挥聚敛思维,学会"惜言如金",简明扼要地表达观点,才能使你的讲话达到好的效果。

组织恰当,条理清晰

要做到说出的话意思集中、富有条理,在讲话前就要开动大脑的聚敛思维,为自己的话排列出一个顺序,把你的思想化为能让人理解的形式。如年表式的、因果关系式的、一般和个别的、依次排列的等等。谈话时要注意前后联系,过渡转折要顺理成章,不要牵强。

"我既然是个医生,就一定什么病都会治,可是我什么都不会,我从前懂得的,现在全忘了,一点也不记得了。上星期,在俱乐部,大家谈话时谈到莎士比亚、伏尔泰,他们的著作我什么也没有读过,可是我却装出了读过的神气,于是我就想起星期三治死的那个女人来,于是我就跑出去,就喝起酒……"

这是俄国作家契诃夫的话剧《三姐妹》中的一位叫作契布蒂金的医生说的话。他是想诉说自己过着多么无聊的生活,处境多么糟糕,可是由于契布蒂金是一个百无聊赖、精神颓废的人,什么事情都对他无所谓,结果他说了一大堆杂七杂八的事情,让人听起来漫无边际,听者也毫无反应,整段话说下来让人不知道他想说什么。这就是明显的讲话思路不集中、条理不清楚。

有助于人际交往的"凝练金句"

在俗语中,有一些是人们常用,又对人际交往起着极其重要的作用,这些短语简洁明了,通俗易懂,充分体现了聚敛思维在语言上的运用形式。若能在适当场合适当地使用,会给我们带来意想不到的良好效果,也可以避免许多不必要的误会和摩擦。

下面收录的是当代社会里用得最多,也是效果最好的黄金短语。

1."请"

在西方国家,几乎在任何需要麻烦他人的时候,"请"都是必须挂在嘴边的礼貌语。如"请问""请原谅""请留步""请用餐""请指教""请稍后""请关照"等。这是比较自然地把自己的位置降低,将对方的位置抬高的办法。

2."谢谢!"

生活中,我们要常说"谢谢"两个字。道一声"谢谢",看似平常,却能促进人际关系的良性互动。人际交往里有一个"黄金法则",就是"你如何对待别人,别人也会以同样的方式给予回报"。

向别人表示你的感谢是一个积极而有意义的举动。如你能对别人的帮助表示一下谢意,彼此间的关系就会发生变化。心理距离缩短了,感谢也开始产生呼应和共鸣。

千万不要忘了你身边的人,你的家人、你的朋友、你的老板、你的同事,他们是了解你和支持你的,说出你对他们的谢意,并用良好的心态回报他们吧!这样,他们就会给予你更多的信任、支持和帮助。

对他人的道谢要答谢,答谢可以用"没什么,别客气""我很乐意帮忙""应该的"等话语来回答。

3."对不起"

有一句话说得好:"智者千虑,必有一失。"一个人再聪明能干,也会有犯错误的时候。人在做了错事之后，往往有两种截然不同的态度：一种是拒不认错，找借口为自己辩解开脱；另一种是坦诚认错，向大家说声"对不起"，并勇于改正，找出解决的途径。

"道歉"是一个很细节的行为，很多人容易忽视它。然而，有了过失和错误，就应该及时道歉，说声"对不起"。"对不起"是消除后遗症的"定心丸"，说得越及时越好，越真诚越好。道歉既是尊重别人，也是尊重自己，不但能弥补过失，还能增进情谊，化解危机。

"对不起"能使强者低头，使怒者消气，使说话者更加成熟。学会说"对不起"，看似简单，但它的效用，是别的方法无法比拟的。

4. "我不知道"

对自己不知道的事情，坦率地说不知道，这样反而更容易赢得别人的尊重。孔子曾说过："知之为知之，不知为不知，是知也。"这启示我们，当我们真的不知道时，不妨直言"我不知道"。

在现实生活中，许多人不愿意说"我不知道"这四个字，认为这样做会让别人轻视自己，令自己没有面子。其实，效果正好相反。

平时动不动就说"我知道"的人，一般都是不善于与他人交往和不受人喜欢的人。因为但凡有智慧者，都有勇气承认"没有人会知道一切事情"这个事实。

"我不知道"是一种动力，让我们不断学习，不断进步，赢得尊重，获得成就。

5."这是我的错"

当我们犯了错误时，当我们的行为对集体或他人造成损失时，除了说声"对不起"外，还可以立刻真诚地对大家或受损人说声："这是我的错！"

一个人犯了错误并不可怕，怕的是不肯承认错误，不弥补错误。在承担责任的态度上，勇敢地说出"对不起"和"这是我的错"极其重要。松下幸之助认为偶尔犯了错误无可厚非，但从处理错误的态度上，我们可以看清楚一个人。每一位老板都欣赏那些能够正确认识到自己的错误，并及时改正错误以及补救的职员。勇敢地说出"这是我的错"吧！

6."我喜欢你"

人是自己的一面镜子，你越喜欢自己，你也就越喜欢别人。当你越喜欢别人时，你也就越容易与对方建立起良好的友谊基础。通常，要想让别人听从你的建议，要让别人乐意帮助你，首先就是喜欢你这个人。要别人喜欢你，首先你要喜欢对方。

"我喜欢你"是乔·吉拉德用得最好的一句简洁的话。每个月他都至少向1.3万个老主顾寄去一张问候卡片，而每个月的问候卡片的内容都在变化，唯一在卡片正面打印着的信息没有变化过，那就是"我喜欢你"。

每个人都希望别人喜欢自己、接受自己，只要是善意的，我们为什么不向对方说出"我喜欢你"呢？

7. 喊出对方的名字

喊出对方的名字，这是建立人际关系的快捷方式。

人们常常忘记别人的名字，但是，若有谁因为不把自己放在眼里而记不住自己的名字，我们就会感到不痛快。记住别人的名字是一件非常重要的事情，忘记别人的名字简直是不能容忍的无礼。记住别人，对你的人际关系的打造至关重要，因为能够热情地叫出对方的名字，从某种程度上表现了是对对方的重视和尊重，好感便由此而生。

每个人都很愿意别人叫自己的名字，因为熟人见面时往往都会叫出对方的名字。记住别人的名字和面孔，你就能赢得别人的好感。喊出别人的名字吧，这是建立广泛人脉的最有效方式之一。

简短演讲亦能打动听众

> 我国著名学者马寅初先生曾担任北京大学校长。有一次，他参加中文系老师郭良夫的结婚典礼，贺喜人群发现马校长也来了，情绪顿时高涨了起来，并鼓掌欢迎他即席致辞。
>
> 马校长并没有打算要讲话，只是置身于喜庆环境里又不能有负众意，于是他灵机一动，说道："我想请新娘放心，因

为从新郎的大名就能看出，他一定是一位好丈夫。"刚刚听到这句话大家都很莫名其妙，可是一联系新郎的名字，大家才恍然大悟：良夫，不就是好丈夫的意思吗？于是在场的人都畅怀大笑起来。

又如：

在电影界，获得奥斯卡金像奖是很不容易的，能在颁奖仪式上讲话，更是被视作一种殊荣。但有些获奖者面对这难得的荣誉，演讲却出奇的简洁。

美国喜剧电影大师卓别林 1971 年被授予奥斯卡荣誉奖时，面对台下不断的掌声和欢呼声，他眼含热泪，十分动情，只说了一句话："此刻，言语是那么多余，那么无力。"

著名影星马龙·白兰度在荣誉面前非常谦逊。第一次登上奥斯卡领奖台时，他说的是："没有许多人的帮助，哪有我的今天？"

与谦虚风格不同的则是自豪、骄傲。因出演《电视台风云》而一鸣惊人、获年最佳女配角奖的比阿特丽斯·斯特雷特将奥斯卡金像高高举起时，她讲的是："啊！金像真沉呀！我是一匹黑马，真带劲！"其自豪之情使台下的人备受感染。

奥斯卡最佳男配角奖得主本·约翰逊煞有介事地宣布："我的话也许会在全国引起轰动，也许全世界每个人都会把我的话牢记心中。"他戏剧性地停顿了一下，然后说道，"再没有比我更合适的获奖者了。"台下观众为之大笑。

有些获奖者发表讲话时往往把自己的影片、自身经历和获奖事实巧妙地结合在一起，让人感到别致新颖。

闻名世界的英国导演戴维·里恩因执导影片《桂河大桥》获奖，他讲道："当我们在丛林中挥汗如雨时，谁也没有想到这座'桥'会通往奥斯卡领奖台。"

里根总统的前妻简·怀曼因在《约翰尼·贝林达》中成功地扮演了一位聋哑母亲而获奖，她的话简短而有趣："我因为在影片中一言未发而获奖，我想我现在最好还是再一次缄口不言。"

更为精彩的要数第31届奥斯卡最佳作曲奖得主弗里德里克·洛伊的演说。当时他刚动过心脏手术。他说道："我从我那颗有点破碎的心的深处感谢大家。"

奥斯卡最佳女主角奖得主雪莉·布思由于跑得太急，上奖台台阶时绊了一下，差点摔倒，于是她借题发挥道："我经历了漫长的跋涉，才达到事业的高峰。"

莎士比亚有句名言："简洁是智慧的灵魂。"这些名人的幽默与智慧，一直被人们传为佳话。他们或用简洁的语句营造出了和谐轻松的气氛，或用短短的演讲表现出坚定的语气，从而展现了他们高强的聚敛思维口才能力。

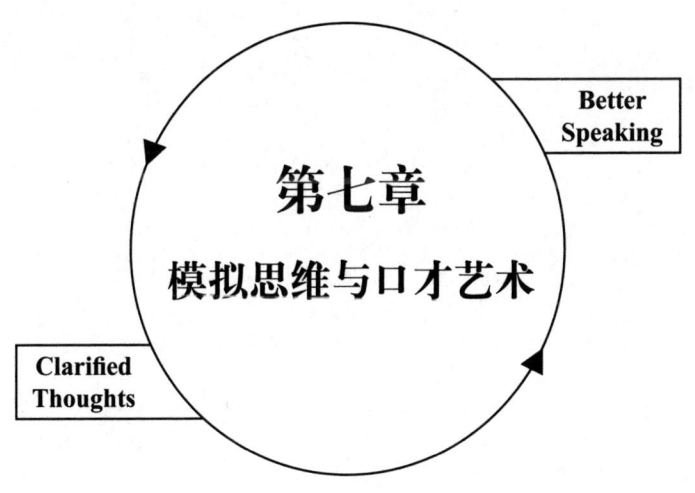

第七章
模拟思维与口才艺术

第一节　活跃的模拟思维可增强口才的丰富性

假如一个人能够看出当前显而易见的差别,譬如,能区别一支笔和一峰骆驼,则我们不会说这个人有了不起的聪明;同样另一方面,一个人能比较两个近似的东西,如橡树与槐树,或寺院与教堂,而知其相似,我们不能说他有很高的比较能力。我们所要求的是,要看出异中之同,或同中之异。

——黑格尔

模拟思维本身是一个跨越很多思维形式的总和的思维方法,在口才运用当中,时常需要利用模拟思维在事物与属性、抽象与具象、感性与理性之间穿梭,将两个或两类事物放在对比中来进行思维和表达。

模拟思维增强语言的鲜活性

模拟思维除了能使自己去理解事物之外,它本身的启发性也使我们乐意利用它与别人进行沟通。

(一) 模拟思维概述

模拟思维是跨越多种思维形式的一种综合的思维方式。模拟思维其实质就是所谓的灵感、悟性，通过对某一事物的客观存在的规律的认识，引发出对另一事物所存在的客观规律的认识。这种认识方法虽然具备某种或然性、不确定性，却往往是对另一事物进行突破性认识的一个极重要的途径、方式。也就是说一个事物的突破性认识，往往是通过模拟思维来实现。

这方面有很多的例子，如魏格纳观察到世界地图的形状而引发出地质板块的学说；牛顿观察到苹果的落地而引发出万有引力的认识；张旭观公孙大娘的舞剑而悟到写书法的规律；练武术的人观察到某种自然现象的变化而悟出某种武术的规律。其道理皆是如此。

模拟思维本身是一个跨越很多思维形式的总和的思维方法，从分类上讲，逻辑思维中的比较推理叫作模拟，而形象思维中闪现的比较关系，认知科学常称之为类似性。在口才运用当中，时常需要利用模拟思维在事物与属性、抽象与具象、感性与理性之间穿梭，将两个或两类事物放在对比中来进行思维和表达。这种模拟思维涵盖了思维的整个范畴，它时而出于我们缜密的推理，时而源自灵动的感悟，时而表现为步步为营的说理论述，时而转化成诙谐幽默的妙语连珠。这样丰满、鲜活的语言能够极大地提高讲话者的表达效率，避免使用生涩艰深的词汇去介绍一种听众本来就不很熟悉的事物。这不仅使我们在听众面前以一种开放的、平易的形象出现，更能拉近讲话者与听众之间的距离，让听众的思维随着你的语言流动，潜移默化地传达那些听众本来并不熟悉甚至并不感兴趣的信息。

除了自己通过模拟思维去理解事物，模拟思维本身的启发性也使我们有可能利用它与别人进行沟通。特别是在口才的运用中，这种思维形式起着重要的作用。认知心理学认为：人在使用有限的知识或者缺乏具体的知识时，可以利用类似性进行有根据的猜测或者利用类似性作为行为的指导。同时，在一定程度上，人根据类似性随机想起的事物可以大大超出所期望的内容。

（二）模拟思维特点

1. 模拟思维具有开放性

模拟思维是一个巨大的、不断充实的开放体系。模拟是在两个或两个以上的事物中进行的，这就要求模拟思维能打开所有的界限，用开放的视野在大千世界里寻找可比的对象。它可以跨越所有的学科，不受时间、空间、类别、价值以及标准的限制，无论是自然科学、社会科学还是哲学，世间万物都可存在于模拟思维的观照之中。模拟思维是没有边际没有障碍的，因而也是最开放的。

2. 模拟思维具有包容性

由于模拟思维的开放性，也就使这种思维方式最具有包容性。在运用比较方法认识事物的过程中，通过依靠各种分析法，如系统归纳、审美评论、历史考据、哲学反思、社会调查等方法，从而迅速接纳新思维、新观念，在比较各家各派的多种新成果的基础上取其精华、去其糟粕、为己所用。在人类知识不断更新的今天，模拟思维无疑具有相当大的优越性。

3. 模拟思维具有可比性

模拟思维对象的选择标准是其可比性，即两个或两个以上的对象之间是否确实具有运用模拟思维的可能和价值。如果对象之间根本没有任何比较的可能性和比较的价值，那么模拟思维就如同建立在沙丘上的大厦，本身就没有存在的必要了。当肯定了比较对象的可比性后，如何发现和发掘可比性，即寻找到可比的原则或标准，就成为模拟思维运用得成功与否的条件。可见，可比性是关系到模拟思维能否正常进行并取得效果的关键。

模拟思维能力训练

（一）模拟思维基础训练

（1）请分别谈谈夏天、冬天、冰雹、大雪和台风给你带来的心情上的变化。注意运用模拟思维，将自然现象的某种属性与主观感受进行联系。

（2）请将梅花、菊花、牡丹、玫瑰几种花分别与你知道的某一个人进行模拟，注意找到他们之间的某种共性。

（二）模拟推理训练

（1）一般人总会这样认为，既然人工智能这门新兴学科是以模拟人的思维为目标，那么，就应该深入地研究人思维的生理机制与心理机制。其实，这种看法很可能误导这门新兴学科。如果说，飞机发明的最初灵感是来自鸟的飞行原理的话，那么，现代飞机从发明、设计、制造到不断改进，没有哪一项是基于对鸟的研究之上的。

上述议论，最可能把人工智能的研究，比做以下哪项？

A. 对鸟的飞行原理的研究。

B. 对鸟的飞行的模拟。

C. 飞机的设计制造。

D. 飞机的不断改进。

E. 对人思维的生理机制与心理机制的研究。

解析：题干所做的模拟分析是，飞机的发明、设计、制造和改进，并非基于对鸟的研究的。因此，人工智能的研究也不应基于对人思维的生理机制与心理机制的研究。这种分析，显然是把对人思维的生理机制与心理机制的研究，比作对鸟的研究；把人工智能的研究，比作飞机的发明、设计、制造和改进。

所以，正确选项是 C。

（2）人类学家断言：文化仅当它是独立的而非依赖的，才能有所发展。也就是说，只有当来自它外部的压力被来自内部的首创精神所取代的时候，它才能有所发展。换句话说，只有民族文化才是推动文化发展的动力，非主体文化可以提供有价值的建议，但是，任何把外来文化的观点强加给民族文化的做法，都会威胁它的独立和发展。如果我们把每一所单独的学校视为一种独立的文化的话，那么，教育进步的关键是（　）。

A. 每个学校必须独立于外来的压力才能有所发展。

B. 某些学校只依靠他们全体员工和学生自己的创造力就能有所发展。

C. 学校的管理人员必须随着学校的不同而调整自己的首创精神。

D. 外来的因素必须被阻止参与学校发展的努力。

解析：题干中，把独立的学校比作独立发展的文化，以"文化发展的动力"来类推"教育进步的关键"。文化的发展必须以内部的独立和首创精神取代外部的压力；独立和首创精神是发展的必要条件。因此，学校只有独立并由内部首创精神取代外部压力才能发展。

选项 A 表达的正是这个观点。是正确选项；

选项 B 意谓"独立是发展的充分条件"，不符题干，排除；

选项 C 所述的具体做法题干并没有涉及，排除；

选项 D 不正确。

(3) 某商厦在前一阵疲软的服务市场中打了一个反季节销售的胜仗。其皮衣的销售额 6 月为 527 件，7 月为 1269 件，8 月为 3218 件。该商厦打算在冬天推广这种反季节销售策略，力争在冬季使夏衣销售有一个大突破。以下哪项如果为真，能够最好地说明该商厦的这种希望有可能落空？

A. 皮衣的价格可以在夏天一降再降，是因为厂家可以在皮衣销售淡季的时候购买原材料，其价格可以降低 30%。

B. 皮衣的生产企业为了使生产销售可以正常循环，宁愿自己保本或者微利，把利润压缩了 55%。

C. 在夏天搞皮衣反季节销售的不只是该商厦，但只有该商厦同时推出售后服务由 3 个月延长到 7 个月，打消了许多消费者的顾虑，所以成功了。

D. 根据最近进行的消费心理调查的结果，买夏衣重流行、买冬衣重实惠是消费者普遍的心理。

解析：题干论证，由夏季的反季节推销成功类推到冬季的反季节推销也会成功。只要指出两种现象不具有可比性，就削弱了题干论证。

选项 A、B、C 都只是部分说明了反季节销售冬装成功的原因，与反季节销售夏装是否会成功并不相关。排除。

选项 D 指出了消费心理的不同，不具有可比性。为正确选项。

（4）有人认为，"网婚"是一种"存在即合理"的娱乐，它就像一所婚恋学校，在这个模拟现实社会的虚拟空间里，人们可以通过扮演不同的角色，或者实习、体验婚姻生活，有滋有味地居家过日子，直至生儿育女；或者光明正大地放纵自我，宣泄对偶像崇拜的感情。怎样评价这个模拟？

解析：我们可以提出以下几个问题：第一，现实存在的是否就一定是合理的？第二，感情是用来娱乐的吗？第三，"网婚"与学校是否可比？

首先，现实存在的不一定合理。腐败是现实的存在，但它不合理。黑格尔曾指出，说现实的东西是合理的，并不意味着现存的一切事物都是现实的，因而都是合理的。"在日常生活中，任何幻想、错误、罪恶以及一切坏东西，一切腐败幻灭的存在，尽管人们都随便把它们叫作现实，但是，甚至在平常的感觉中，也会觉得一个偶然的存在不配享受现实的美名。因为所谓偶然的存在，只是一个没有什么价值的、可能的存在，亦即可有可无的东西。"

在黑格尔看来，只有符合历史发展规律的才是真正"现实的东西"："现实性在它的开展中表明它自己是必然性。"因此，按照黑格尔的观点，说现实的东西都是合理的，并不意味着现实的东西就绝对地符合理性，都是好东西。

其次，婚姻是以感情为基础的。

在向理想的婚姻迈进的过程中，最重要的前提是真诚的沟通与交流。而"网婚"处在虚拟与现实之间，是以"娱乐"的方式之一面世的，因此，这就决定了一开始便预设了它的虚假性。既浪费感情，也容易让人（尤其是少男少女）丧失理智。

而虚幻一旦不能变成现实，精神和生理上的短暂刺激就会变成心灵上的创伤。问题还在于，这种虚拟的游戏能维持多久？能否保证不出格？在网上实习，真实吗？能不能回到现实中来？一旦回到现实中来，又将怎样对待现实的婚姻？

再次，"网婚"与学校不具有可比性。

学校是学知识、学做人的地方，在这里需要真诚的态度，需要付出艰辛的努力；而虚拟的"网婚"由于它的令人怀疑的"合理性"，由于它预设的虚假性，由于它的游戏人生，决定了现实的学校与这种画饼充饥式的"网婚"之间，存在着不胜枚举的不同之处。因此，两者之间不具有可模拟的因素。

（三）正确运用模拟方法的注意要点

模拟方法有形成假说、解释外推、拓展思路、触类旁通的重要功能。然而，善于运用模拟方法并非易事，它要求人们不但对自己所研究的领域及其问题有深刻的了解，也要对其他领域学科有深刻的了解，不然就难以做出真正有价值的模拟。在口才中怎样正确地运用模拟方法呢？一般说来，应注意把握以下几个方面：

1. 归纳和演绎的辩证结合是模拟的实质

模拟推理的实用性广泛，灵活性和创造性很强，但这是以逻辑规则的不完备性（限定小）为代价的。而推理的可靠性一般与逻辑推理的周密程度成正比。因此，注意研究模拟的逻辑规则，就显得十分重要。

实际上，模拟推理的思维过程，还有潜在的中介物，即假定有把模拟对象统一起来的大系统或它的普遍规律，于是思维从已知的个别上升为假定的"一般"演绎为未知的个别。

模拟的过程，实质上可看成是由已知的个别到假设的"一般"，再从这个"一般"到另一个未知的个别的认知过程。当然，作为假说的"一般"的这个中介物在模拟过程中不需明白显示，也不必要先作证明，因此仍表现为"个别——个别""一般——一般"的直达过程。

归纳、演绎、模拟之间有着内在联系，模拟本质上是归纳和演绎的辩证结合。掌握正确的类比方法也要以归纳和演绎的辩证应用为基础。

2. 分析比较是正确模拟的基本环节

模拟结果的可靠程度，取决于相似属性（或共有属性）和推出属性之间的相关程度。相关性决定着模拟结果的可靠性，而差异性则降低结论的可靠程度。因此，运用模拟方法，必须全面深入地分析研究两个模拟对象的各种属性，认真地比较它们的相似点和差异点，力求充分掌握它们的相关性。

3. 联想是激发模拟思维的基本要素

模拟推理思维的产生常常是从联想开始的。我们知道，模拟的客观基础是事物间的相似性，因此，寻找和搜索相似物是模拟的首要环节，这就需要进行积极的联想。

4. 积累丰富的知识，是运用模拟的必要条件

模拟的运用是以已有的知识为基础的。因此，一般说来，所积累的知识越丰富、越广博，在选择适当的模拟对象时，就越能左右逢源，运用自如。否则，在缺乏必备知识的情况下，勉强运用模拟，就容易做出牵强附会的推论。

第二节　模拟思维在口才上的应用方式

在演讲中,如果你只是照本宣科地向听众讲,肯定是枯燥而乏味的。借用统计数字、模拟和名人证言,既可以有力地说明事实,又能加强主要论点的重要性,使主要论点清晰地呈现出来。

——卡耐基《语言的突破》

有些事物的共性需要认真观察、仔细研究才能发现。新颖独特的事物往往具有特殊的价值和生命力,那些千篇一律的事物大都难以引起人们的注意。许多成功者都是专门去探索别人不曾走过的路,这才卓然不群。

求异视角

由于每一个具体事物都具有多方面的属性,因而任何事物之间都不可能完全相同,都有或多或少的差异点。所以,求异视角,就是寻找到常常被人忽略的、认为"完全相同"的事物的差异点,从而突显出自身的特点。

> 有一家黏合剂商店,推出一种新型的强力万能胶。店主想为这种胶做广告,但他明白,如果像其他万能胶的广告一

> 样,只是一味地宣传这种胶粘得如何牢固,是难以引起人们注意的。于是,店主把一枚价值数千元的金币用这种胶粘在门口的墙上,并当众对顾客说:"谁能用手把这枚金币抠下来,这枚金币就奉送给他。"这一句话的小小广告引来了许多人尝试和围观,结果这种万能胶真的很畅销。

这位黏合剂商店的老板在这里采用了两种"求异视角",一是抓住了自己产品的特异性,二是抓住了广告形式的特异性,因而取得了很大的成功。

将求异视角运用到口才中,往往能够收到意想不到的效果。如一些厂家在宣传自己的产品的广告语中,不是一味吹嘘自己产品的质量,而是故意暴露产品的某些"不足",以给人留下深刻的印象,有力地宣传自己的产品。例如计算机的广告:"这部计算机的唯一缺点是不能为您冲咖啡";冰箱的广告:"我们的冰箱只有一个不是——那不是冰箱。"人们听后先是惊愕,以为是自揭其短,继而是大笑,觉得妙不可言。把握差异性,的确大大增强了语言的丰富性和表现力。

求同视角

世界上的万事万物都有共性,只不过有些事物的共性是显而易见的，有些事物的共性需要认真观察仔细研究才能发现。我们知道，世界上没有两片完全相同的树叶，但也没有两片完全不同的树叶，任何事物或观念之间，都有着或多或少的相同点。思维中如若抓住了这些相同点，便能够把千差万别的事物联系起来思考，从而增加事物的多样性。

在普通人的眼里，桌子和椅子当然有很多相同点，一眼就能看出来。但是，一只猫和一台冰箱之间有什么相同点呢？这就需要动一动脑筋了。这时你就会发现，猫与冰箱之间的相似之处有很多，比如它们表面都有某种颜色，内部都有一个"能够装鱼的地方"，后边都拖着一条尾巴，等等。找到事物的共同点就能够把不同的事物组合起来，进行模拟比较。

第三节　模拟思维口才增强表达的丰富性

比喻，远远不是一种语言的装饰，是简化和重新再现句子的原意。

——克劳德列维·施特劳斯

比喻除贴切以外，还要能引起视觉、触觉等感觉的共鸣。

——亚里士多德

在讲话过程中，我们完全可以把丰富的模拟关系内隐于一个众所周知的概念、事物当中，直接外化于我们的语言。这对于活跃我们的模拟思维，丰富我们的语言表达具有重要的作用。

借事类喻，巧妙表达

在讲话过程中，我们的模拟思维有时不必那么具象，完全可以把丰富的模拟关系内隐于一个抽象的概念当中。但是这个抽象概念必须是众所周知的，因为听众没法通过一个他们不熟悉的事物去理解另一个不熟悉的事物。如我们前面所提到的，把这些事物的属性内隐于一个众所周知的概念、事物当中，直接外化于我们的语言，就会产生一个奇妙的语言技巧——比喻。比喻方法对于活跃我们的模拟思维，丰富我们的语言表达具有重要的作用。

> 一次,作家刘绍棠到某大学讲演时,有位女同学递上一张纸条,上面写道:"既然文学要真实地反映社会生活,那您为什么总唱赞歌,不唱悲歌呢?难道社会没有阴暗面吗?"
>
> 看到这一尖锐问题,刘绍棠想了一下,便问那位女生:"你喜欢照相吗?"见女生点头,刘绍棠反问道:"你脸上有光滑漂亮的时候,也有长疮疤不干净的时候,那你为什么不在脸上有疮疤的时候去照相呢?"

刘绍棠的这一问,就把自己的观点就寓于模拟之中了。他把文学作品的表达与年轻人的照相巧作模拟,让人豁然开朗,印象深刻。又如:

> 庄子有一天正在涡水垂钓,楚王派了两位大夫前来聘请他。见到庄子后,他们对庄子说:"我们大王久闻先生大名,想请先生同他分担国事,希望先生能够出山,上为君王分忧,下为黎民谋福。"
>
> 庄子淡然地说道:"我听说楚国有一只神龟,被杀死时已经有三千岁了。楚王把它珍藏在竹箱里面,盖上锦缎,供奉在庙堂之上。请问两位大夫,此龟是宁愿死后留骨而贵,还是宁愿生时在泥水中潜行曳尾呢?"

> 二位大夫说:"当然是愿活着在泥水中曳尾而行啦。"
> 庄子说:"那么,两位请回吧!我也一样愿在泥水中曳尾而行。"

庄子的模拟通俗易懂,而且思想深刻,可以让我们从中领略到比喻的巧妙之处。在模拟过程中,我们需要注意一点,那就是:我们在日常生活中说甲类似于乙或者什么像什么,这两者都具有明显的指向性,或者称之为非对称性。也就是说把一个生疏的东西通过找出关联事物之间的映射匹配,指向听众熟悉的事物。

委婉含蓄的语言表达艺术

委婉含蓄,是一种巧妙运用模拟思维的艺术表达方式。在讲话当中,我们很想表达一种内心的强烈愿望,但又觉得难以启齿时,不妨借助于模拟思维委婉含蓄地表达出来。委婉含蓄是一种情趣,是一种修养,一种韵味。巧妙运用委婉含蓄,好像什么都没有说,实际上什么都说了。

> 某家公司的待遇很差,职工苦不堪言。但公司上级认为下级职员是庸才,对公司不够忠心,工作不努力,而且多数人兼职,所以迟迟不肯改善职员的待遇。

一天，该公司的一位高级职员针对公司近来迟到人数逐渐增多这一现象，对上级说："初级职员简直没法到公司工作。"

上级问："道理何在？"

这位职员说："坐人力车吧，觉得车费太贵；坐公交车吧，不但挤不上去，而且每个月的车费也不少。让他们如何能解决这个问题？"

高级职员叹了一口气，一副毫无办法的样子。

上级接着说道："以步当车，一文不费，而且可以借此锻炼身体，不是好的办法吗？" 高级职员摇摇头说："不行，袜子走破了，他们买不起新的。我倒有一个办法，希望上级出一个布告，提倡赤足运动，号召大家赤脚走路上班，这个问题不就解决了吗？谁让他们命运太坏，生在这个时候？！谁让他们不去想发财的门路，却当苦命的职员？！他们坐不起公交车、人力车，也不能鞋袜整齐地到公司上班，都是活该！"

他一面说一面笑，说得公司上级不好意思起来，只好同意改善一下职员的待遇。

在这里，这位高级职员讲话语气比较委婉，用含蓄的方式表达内心的意愿，不伤对方面子，对方能听进去，自然就容易接受建议。又如：

> 某家长为了改变孩子不专心学习的态度,说:"小明,我们都以你为荣,你这个学期的成绩进步了,但是如果你在外语方面再努力一点的话,就更好了。"
>
> 小明在听到但是之前,可能感觉很高兴,而在他听到但是之后,就立刻会怀疑家长的赞扬的可信度。他会认为这个赞扬是为了批评他的失败而事先铺垫好的一条引线。
>
> 其实可以这样说:"小明,我们都以你为荣,你这个学期的成绩进步了,而且如果你在外语方面再努力一点的话,你的成绩肯定会比别人都好的。"

委婉是运用模拟思维迂回曲折地表达本意的方法,说话者故意说一些与本意相关或相似的话,以烘托本来要直说的意思。这种说法往往能够避免尴尬,达到意想不到的说话效果。

巧用谐音,效果新奇

谐音其实是指模拟思维中的字面相似性中的一种。字面相似性,既不是事物属性之间的模拟,也不是事物关系之间的模拟。它完全是基于对词语中的相同语素进行运用的一些修辞手段和措辞技巧。它主要包括仿词、双关语、拈连等。这里所说的谐音是指谐音双关。

> 乾隆年间，纪晓岚与和珅同朝为官，纪晓岚任侍郎，和珅任尚书。
>
> 有一次，两人在一起喝酒，和珅指着一只狗问："是狼是狗？"
>
> 纪晓岚一听，就机敏地意识到和珅是在辱骂自己，于是他泰然自若地还击道："垂尾是狼，上竖是狗。"

"是狼"与"侍郎"谐音，"上竖"与"尚书"谐音，和珅自以为聪明，运用谐音攻击纪晓岚，没想到纪晓岚却给和珅来个"以其人之道，还治其人之身"，真是令人佩服！又如：

> 有一个财主，有几亩闲田，想租给别人耕种。村里的村民都来租地，有个村民叫李四，他提着鸡来租地。见到这个财主时，他把鸡藏在身后，财主就作吟哦之声道："此田不给李四种。"
>
> 李四忙把鸡献给他。财主又吟哦道："不给李四却给谁？"
>
> 李四问其故，财主说道："开始是无稽（鸡）之谈，后来是见机（鸡）行事啊！"

财主这里也是运用了谐音的双关，既表达了自己改变主意的原因，又使得自己不失面子，达到了既贴切而又新奇的表达效果。

恰当地运用比较使表达更形象

在日常生活当中，我们时时刻刻都在运用着比较，例如买一件数码产品，我们首先要比较品牌、比款式、比性能、比价格等等。讲话也一样，我们在讲话过程中，尤其是在学术性的演讲中，经常会遇到介绍性的内容，特别是一些听众不熟悉的事物，就要通过与同一类事物的比较，了解其异同，揭示其特性。

但是在比较的过程中，有一点是非常重要的，那就是要注意比较的层次性。比如说有两个人，第一个人穿着蓝色的裤子和米色的短袖，另一个人穿着黑色的裤子和条纹的短袖。我们把这两个人的衣服联系起来做比较，就会发现两个人的衣服都是裤子和短袖，但是花色却不一样。仅在形制上，它们是匹配的、可比的，但在花纹和颜色这个层次上就完全是两码事了。所以，我们要在貌似不同的事物中找到匹配点，才可以运用比较。

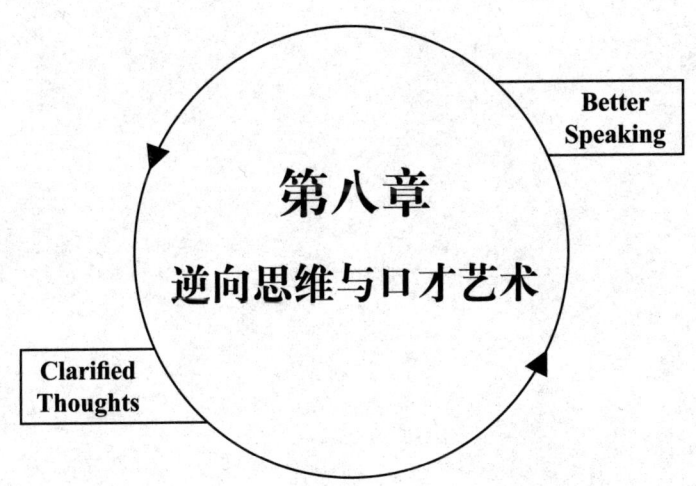

第八章
逆向思维与口才艺术

第一节　逆向思维是辩解口才的动力

逆向思维是从另一个角度来看问题的，它可以让人们豁然开朗，在困境中找到安慰，在得意时看到不足。在很多事情上，一些正常思维虽能解决问题，但在它的参与下，过程可以大大简化，效率可以成倍提高。有了逆向思维你就会茅塞顿开，使得许多靠正常思维不能或是难于解决的问题迎刃而解。

逆向思维是辩解口才的有效武器

（一）逆向思维概述

逆向思维也叫作求异思维，它是对司空见惯的似乎已成定论的事物或观点反过来思考的一种思维方式。我们要敢于"反其道而思之"，让思维向对立面的方向发展，从问题的相反面进行深入的探索。

逆向思维是一种启发智力的方式，它有悖于通常人们的习惯，而正是这一特点，使得人们"不走寻常路"。比如，在路上有人撞了你，如果你能想到，这不也是一种缘分吗？茫茫人海中又有几个人能与你突然撞个满怀？这样，就不会与人恶语相向，甚至大打出手。有了逆向思维，我们就懂得事物是一分为二的，就不会有很深的失落和过分的亢奋。也就更善于理解别人，平静地面对一切。

社会上有很多不合情理的事情,可是人们就是不愿意反过来想想,否则就可能消除这些显而易见的愚蠢。举个例子,在评定职称的时候,你说是应该期待博士贡献更大,水平更高呢,还是应期待硕士贡献更大、水平更高?当然是前者。可是他们一起评教授的时候,一样的成果,博士能评上,硕士则不能,尽管从理论上讲,硕士或许付出了更大的努力才能和博士得到同样的成果。

上面的例子表明只有全方位的思考才能对事物有一个更加合理的诠释。

客观世界的许多事物之间,有着密切的内在联系。巴甫洛夫曾精辟地剖析了逆向思维的生理依据:"……当两个神经点已经联系、联合起来时,神经过程就运动起来,在两个神经点之间两方向地进行着。"

正思与反思就像分析的一对翅膀,不可或缺。习惯于正向思维的人一旦得到了逆向思维的帮助,就像战争的统帅得到了奇兵,战无不胜!

(二)逆向思维的类型

逆向思维方式一般分为四类:结构逆向思维、功能逆向思维、状态逆向思维、因果逆向思维。

1. 结构逆向思维

是指从已有事物的逆向结构形式中去设想,以寻求解决问题新途径的思维方法。一般可以从事物的结构位置、结构材料以及结构类型进行逆向思维。

2. 功能逆向思维

是指从原有事物相反功能方面去设想,以寻求解决问题的新途径的思维方法。谈到功能逆向思维,人们常常会联想到一句话,即"失败是成功之母"。

3. 状态逆向思维

是指人们根据事物某一状态的逆向方面来认识事物。运用这种方法,诞生了许多成功的创造发明。如刀削铅笔,刀动笔不动,而运用状态逆向思维,变为笔动刀不动,就有了旋笔刀;人上楼梯,人动梯不动,采用逆向思维后,梯动人不动,就有了电梯。又如过去木匠用锯和刨来加工木头,都是木头不动工具动,实际上是人动,这样做,人的体力消耗较大。为了改变这一状况,人们从工具不动、木头动的角度出发,设计发明了电刨,从而大大提高了效率和工艺水平,减轻了劳动强度。这里从木头静与动加工状态的改变,就可知它是与状态逆向思维的内容紧密相连的。

4. 因果逆向思维

是指从已有事物的因果关系中,变因为果去发现新的现象和规律，寻找解决问题新途径的思维方法。在电的发明史上，从奥斯特的电能生磁到法拉第的磁能生电，它们之间就有着因果逆向思维的联系。其他如近代的无线电广播的播放与接收；录像机的发明与摄像机的发明。这些都属于因果逆向思维的成果。

（三）逆向思维的特点

1. 适用性

逆向性思维在各种领域、各种活动中都有适用性。由于对立统一规律是普遍适用的，而对立统一的形式又是多种多样的，有一种对立统一的形式，相应地就有一种逆向思维的角度，所以逆向思维也有多种形式。如性质上对立两极的转换：软与硬、高与低等；结构、位置上的互换、颠倒：上与下、左与右等；过程上的逆转：气态变液态或液态变气态、电转为磁或磁转为电等。不论哪种方式，只要从一个方面想到与之对立的另一方面，都是逆向思维。

2. 挑战性

逆向是与正向比较而言的，正向是指常规的、常识的、公认的或习惯的想法与做法；逆向思维则恰恰相反，是对传统、惯例、常识的反叛，是对常规的挑战。逆向思维能够克服思维定式，破除由经验和习惯造成的僵化的认识模式。

3. 创新性

循规蹈矩的思维和按传统方式解决问题虽然简单，但容易使思路僵化、刻板，摆脱不掉习惯的束缚，得到的往往是一些司空见惯的答案。其实，任何事物都具有多方面属性。由于受过去经验的影响，人们容易看到熟悉的一面，而对另一面却视而不见。逆向思维能克服这一障碍，往往会出人意料，给人以耳目一新的感觉。

（四）口才中的辩解离不开逆向思维

逆向思维与讲话时的思考方法紧密相关，许多场合的讲话都离不开逆向思维。而运用逆向思维辩解是对付对方强大逻辑的最有效武器。

逆向思维的辩解相当于数学上的反证法，在逻辑学上叫作归谬类推，它是推理的方法之一，由证明与该事物或事件相矛盾的判断是不真实的来证明事物的真实性，是一种间接论证方法。

运用逆向思维辩解时，先从事物的反方面去考虑，或先假设对方观点正确，然后从这个假设中得出和已知条件相矛盾的结果来，这样就否定了先前的假设，从而肯定了己方观点。但要注意的是，自己在归谬类推中的逻辑力量要同样强大才行。《资治通鉴》里记载了一个故事：

> 战国时期，魏文侯吞并中山之后，将土地分封给自己的儿子，并标榜自己是位仁君。而大臣任座认为，魏文侯只封地给他的儿子，却不给他的兄弟们，根本算不得仁君。
>
> 魏文侯听了非常生气，大怒下斥退了他。这时候一位名叫翟璜的大臣赶紧对魏文侯说："臣以为大王的确是位仁君。因为有人说'君王仁义，下臣耿直'，刚才任大夫敢于直言，足见大王之仁。"魏文侯听了，又羞又喜，连忙差人请回任座。

翟璜用的也是逆向思维的辩解方法，先假定魏文侯是位仁君，然后说明任座的行为是对的，使得魏文侯能正确对待意见。

逆向思维能力训练

训练一：打破现状

1. 列举出关于题目的一些常识性概念

如设定题目为"便利店的新概念"，然后就这个题目列举出目前便利店所具有的三个常识性概念：

（1）食品、饮料、报纸、杂志、化妆品、文具、日用品等都是经过严格挑选后才摆到货架上的。

（2）一定要有停车位。

（3）24小时营业。

2. 颠覆概念

接下来,试着打破上面的常识性概念,不一定要完全相反。比如,有悖于上述便利店常识性概念的新概念可以有以下几个:

(1) 限定商品的种类。

(2) 取消停车位。

(3) 限定营业时间。

3. 逆向思维实战

以违反常识的概念为前提,考虑新点子。至于它们有没有实现的可能性,不是我们在这里要讨论的问题,重要的是提出具体的解决办法。

(1) 只摆上食品、饮料、报纸,丰富它们的种类,把原先放置其他商品的地方改成吧台,以保证顾客有地方食用已购买的食品和饮料。总之要变成一种介于餐厅和商店之间的营业形式。

(2) 在住宅小区内开设小规模便利店。

(3) 深夜休息。比如从半夜 1 点至早上 6 点不营业。

训练二:成语训练

针对成语中的传统思维模式做出否定的逆行论证,但应注意要严格遵循事物的客观规律,严肃地探索,准确地把握事物的本质,避免从一个极端走向另一个极端。逆向立论也应当比原成语的内涵更为深刻、更有积极意义，须注意防止曲解原意或表面化、浅层次甚至消极地思考问题。

1. 没有规矩不成方圆

实际意义：强调规矩对方圆的重要性。

逆向思考：如果过分地强调规矩，就会束缚人们的手脚、禁锢人们的思想，使人们丧失了创新意识。

2. 班门弄斧

实际意义：比喻在行家面前卖弄本领，讽刺的意味很明显。

逆向思考：弄斧应需到班门，比喻向技高的人学习提高得快，可以少走弯路，与"下棋找高手"有异曲同工之妙。

3. 当一天和尚撞一天钟

实际意义：指做事不思进取，消极度日。

逆向思考：撞钟，是和尚的职责，比喻他们能够日复一日地做着枯燥的工作，体现了他们爱岗敬业的精神。如果做和尚不撞钟，那就该批评一下了。

练习：运用逆向思维，给下面的成语确定立意新颖的命题。

(1) 狐假虎威

(2) 近朱者赤，近墨者黑

(3) 东施效颦

(4) 杞人忧天

(5) 忠言逆耳利于行

第二节　逆向思维在口才上的运用方式

在生活实践中,任何一件事,只要你转换一下视角,就会发现:原来它并不是毫无价值的。每次失败或者错误之中都包含着经验或教训,如果你能发现坏事情中好的一面,把它说出来,会让人觉得你的话深刻、全面而有创意。

正话反说、本末倒置也是一种高明的办事方法,是以反话达到自己的目的。

肯定视角

肯定视角是人们最常使用的思维视角之一。大多数情况下,人们往往只习惯对那些正面价值显而易见的事物采取肯定视角,至于对那些表面看起来平平无奇,甚至显现出负面效应的事物,则很少想到也用肯定视角来考察一番。

> 有一次,洛克菲勒的合伙人员贝德福德在南美洲投资失败,损失了100多万美元。而洛克菲勒不仅没抱怨他,反而以赞扬的口吻说:"干得不错,如果是我,说不定损失得更多!"当众人都在叹息失败的时候,你能够采用肯定视角,这本身就是一种创意思考。

否定视角

对那些负面效应一目了然、大家都在批评和排斥的事物及现象，你采取否定视角也是没多大意义的。当别人都在欢呼成功，一致肯定的时候，你能做出冷静的思考和判断，发现其中潜藏的危机和不利因素，这才说明你的思维水平胜人一筹。

日本的大企业都有专职的视察员，这些人一天到晚什么事都不做，只是在公司里东遛西逛，他们的唯一职责就是指出公司的缺点和毛病。因此，他们总是戴着一副否定视角的眼镜。

面对外界的事物或者观念，如果先用"肯定视角"思考一遍，再用"否定视角"思考一遍，那么我们就能够对该事物或观念有较为深刻的认识和把握，并有可能获得与众不同的新看法。关键在于我们要养成一种习惯，无论我们遇到什么事情，都要马上从正反两方面的角度去思考问题。

非我视角

非我视角是打破自我视角的结果，即站在别人的立场上去想问题的思维方式。

我们所说的自我视角，是指社会上的每个人在生活实践中都会形成一种独具个性的观念、价值、情感"标尺"。当人们在观察外界事物时,就会用这个尺度衡量一切,判定是非。这是人的独立性的表现。这种视角,在没有开发之前是处于自发状态的。就是人人都有个性特长,但并非人人都能自觉认识到,或者意识不强。培养自身的创新能力,必须增强主体意识,学会正确地审视自我。从创新思维的角度看,这种"自我视角"具有两方面的意义。

首先,局限于"自我视角"会使眼界狭窄,不利于创新思维的形成。为此,要多多进行"非我视角"的训练,力求超越"自我"。用佛学的话来说,就是要不断地破除"我执",充分发挥思维主体的"视角转换功能",学会从他人的角度观察和思考事物,尽力体谅与宽容与自己相异的人、事、物,以开放的心态接纳整个世界。

其次,"自我视角"的反观自照能够促进创意的产生。我们不应只从"自我视角"来观察世界,还应该用它来观察和思考自身。古希腊有一句格言:"认识你自己。"而实际上,许多人都忽视了自己的潜力。

而非我视角要求我们在思维过程中尽力摆脱"自我"的狭小天地,跳出框子,走出"围城",从非我的角度站在"城外",对同一事物和观念进行一番思考。如此,才有可能发现创意的苗头。

"非我视角"是打破"自我视角"的结果。创新思维的产生,也需要"非我视角"的自我培养和锻炼。只有打破"自我视角",才能理解别人的观念和行为也同样具有某种合理的成分。

第三节　恰当运用逆向思维提升辩解口才

交际中常常有人问一些无法直接回答的问题，或者是遇到需要为自己和他人进行辩解的情况，如果你想达成有力的回答、有效的辩解，一定要学会熟练地运用逆向思维，在讲话的过程中巧妙辩解，达到反守为攻的效果。

> "为什么要收我们的小费呢？我们可是一点也没有吃过。"琼斯指着账单问酒店经理。
>
> "可是水果天天放在你们的房间里，你们不吃可怪不了我。"经理说。
>
> "哦，我懂了。"琼斯一边说一边从账单里减了200美元。
>
> "这是干什么？"经理见了急忙问道。
>
> "因为你吻了我的妻子，每天得减50美元，我们住了4天，对吗？"琼斯答道。
>
> "哪有这回事，我根本就没有吻过你的妻子。"经理大声嚷道。
>
> "可她就住在你们酒店里啊！"

归谬制人，巧妙辩解

这种方法就是先不直接反驳对方的观点，而是运用逆向思维假定对方的观点为正确的，然后以此为前提进行推论，将它推向极端，推出明显的荒谬结论使其难堪的一种方法。

> 古代的时候，有一个富翁，一天他突然死了。他的妻子同管家商量，要用活奴给他陪葬。富翁有一个弟弟，是个有识之士，就反对嫂子和管家这样做。他嫂子坚持要用活人陪葬，便对他说：
>
> "你哥哥死了，在地府无人侍奉，我们怎么能够忍心看他一个人受苦，一定要用活奴陪葬，谁阻拦都不行。"
>
> 他弟弟一看嫂子这样说，便改口道："还是嫂子和管家考虑事情周全，用心良苦，可见嫂子同兄长夫妻情深，管家对主人忠心不二。既然要用活人陪葬，不过，让别人去服侍兄长，我们不放心，倒不如嫂子和管家去陪葬，兄长定会非常满意的。"
>
> 其嫂和管家哪愿去死，只好把活人陪葬一事作罢。

归谬制人法的运用，要注意相同性质的谬论的可比性，若将两件不相干的事扯在一起，便收不到归谬制人的效果。

一因二果,反守为攻

在讲话的过程中,有时候对方会故意抛给你一些难以回答的问题,这时逆向思维就发挥它的作用了,你可以从同一种原因出发,然后引申出互为对立的结果,达到反守为攻的效果。

> 著名的爱尔兰剧作家乔治·萧伯纳在讲话时逆向思维运用地就十分恰当。
>
> 有一次,萧伯纳的脊椎骨出了毛病,须从脚上取一块骨头来补脊椎缺损。手术做完后,医生想多捞些报酬,就对萧伯纳说:"萧伯纳先生,这是我们从来没有做过的手术啊!"
>
> 萧伯纳明白了他讲这句话的目的,就笑着说:"这好极了,请问您打算给我多少试验费?"

萧伯纳与这位医生都是从同一种"从未做过的手术"作为讲话的出发点,可是面对同一个问题他们考虑方向却是不同的。医生是想用这句话得到更多的报酬;萧伯纳则从医生提出的"从未做过的手术"逆向思考,认为自己的身体成了试验品应得到试验费。他以此来反击医生,最终达到了反守为攻的效果。

"反问"让你更主动

> 有一个地主待长工很刻薄,半夜里就催长工去干活。
> 长工说:"等我缝完了衣服就去。"
> "天这么黑,你怎么看得见缝衣服?"地主冷笑着说。
> 长工立刻反问道:"既然天这么黑,又怎么能干活呢?"
> 一句反问,驳得地主哑口无言。

另外,在交谈时如果摸不清对方的用意,千万不要让人牵着鼻子走,而要抓住关键词眼,进行反问,从而进一步了解对方的需要。

> 一位女士去商店买衣服,她选了半天,看中一件新款式的连衣裙,便问销售员:"这款衣服还有其他颜色的吗?是不是只有粉色和蓝色的呢?"
> 销售员答道:"请问这位小姐,你喜欢什么颜色的呢?"
> 还有的人买橘子时就喜欢问:"你这橘子是酸的还是甜的啊?"
> 卖橘子的人想大家都喜欢吃甜的,就说:"保你是甜的,不甜不要钱!"
> 岂不知这位买主就是喜欢吃酸的,你这样一答,不正好相反了嘛!要是精明的人就会反问买主:"你想要酸的还是想要甜的呢?"

所以，在你弄不清楚对方真正意图的时候，就可以运用逆向思维方法进行反问，进而了解到他的需求是什么，这样才能使接下来的交谈更有针对性。

逆向顺应胜过强制命令

在一些情况下，强制性命令只会让人们产生逆反心理，而使对方的行为变本加厉，结果适得其反。如果利用逆向思维，给足他们面子，事情的结果就会向自己的意愿发展。

沙克是一个具有犹太血统的老人，退休后，在学校附近买了一间简陋的房子。住下的前几个星期还很安静，不久有三个年轻人开始经常在附近踢垃圾桶闹着玩。老人受不了这些噪音，出去跟年轻人谈判。

"你们玩得真开心。"他说，"我喜欢看你们玩得这样高兴。如果你们每天都来踢垃圾桶，我将每天给你们每人一块钱。"

三个年轻人很高兴，更加卖力地表演"足下功夫"。不料三天后，老人忧愁地说："通货膨胀减少了我的收入，从明天起，只能给你们每人五毛钱了。"

年轻人显得不大开心，但还是接受了老人的条件。他们每天继续去踢垃圾桶。一周后，老人又对他们说："最近没有收到养老金支票，对不起，每天只能给两毛钱了。"

"两毛钱？"一个年轻人脸色发青，"我们才不会为了区区两毛钱浪费宝贵的时间在这里表演呢，不干了！"

从此以后，老人又过上了安静的日子。

这位老人的逆向思维真是令人佩服！他不是站在自己的立场上，去呵斥那几个年轻人，而是抓住小孩子"年轻气盛"的特点，运用逆向思维，站在他们的角度去考虑问题，顺应他们的心理，到最后掌控他们的心理，结果自然收到了奇效。

如果这位老人不是运用这种方法，而是强制命令他们"停止这种游戏"，逆反心理也许会驱使年轻人更频繁地进行游戏，而且持续的时间或许更久。

部分参考书目

《启动右脑》儿玉光雄 著

《创新思维训练》张晓芒博士 著

《诡辩——思维的陷阱》张晓芒博士 著

《逻辑思维训练》张晓芒博士 著

《即兴口才随身口才灵感口才》郭碧莲 著

《会说话是本事》郭碧莲 著

《主持人思维与语言能力训练路径》吴郁 著

《主持人语言表达技巧》吴郁 著

《世界上最会说话的人》史迪文 著

《说话的艺术》方州 著

《领导口才艺术》宿春礼 著

《实用口才训练教程》方位津 著

《说好难说的话》李小文 著

《跟我学：幽默口才》郑忠，王目星 著

《主持人口语表达艺术》徐莉，毕凤飞 著

《说话方与圆》东方明 著

《讲话的艺术》雷池 著

《趣味逻辑》彭漪涟，余式厚 著